I0787771

VUELTA AL MUNDO

EN 80 ARTÍCULOS

Seguro que Julio Verne, esté donde esté, sabrá perdonarme que se me ocurriera, a la hora de titular este libro, el hecho de emular en cierto modo el título de su gran obra **La vuelta al mundo en 80 días**. En realidad, esta publicación no tiene nada que ver ni con el mundo, ni con 80 días ni con Verne, ni tampoco con una vuelta.

En realidad, el libro consiste en una miscelánea que contempla la reedición de 80 artículos, publicados en su totalidad en el periódico El Mundo, eso sí.

Los diferentes escritos van enumerados y precedidos de un breve comentario para poner en antecedentes sobre cada uno de ellos a quien tiene el libro en sus manos. También permite que el lector pueda situarse en cada contexto y en algunos casos incluso en la fecha de publicación, pues los artículos fueron editados en diferentes años. Y también, como no, para quien quiera saltarse alguno de los capítulos por no estar interesado en el tema.

Este es un libro, en definitiva, que pretende proporcionar una lectura fácil sobre algunos de los asuntos de actualidad tratados durante años en las páginas de opinión de El Mundo.

El 7 de marzo marzo de 1995 se produjo la enésima devaluación de la peseta. Fue depreciada en un 7 % después de otras tres sucesivas disminuciones de valor, producidas entre 1992 y 1993. En aquellos momentos existía una cierta incertidumbre sobre la integración de España en la Unión Económica y Monetaria, como paso previo a la implantación del euro. Dos días más tarde, se publicó el artículo sobre lo que resultó ser la última desvalorización de la peseta. La integración a la UEM al final se produjo, tras ejecutar Europa un cierto ejercicio de "prestidigitación", aceptando como buenas las cifras de cumplimiento de objetivos, tal como se anticipaba en el artículo tres años antes.

1. Consecuencias de la devaluación

Durante los próximos días podremos observar sin duda diferentes explicaciones sobre las causas que han desembocado en la cuarta devaluación de la peseta en menos de tres años. Y es que los motivos pueden ser muchos y variados, pero uno destaca con fuerza sobre los demás: la situación política se presenta como un elemento determinante de la crisis. Evidentemente, no hace falta ser un lince para darse cuenta de la cuota de responsabilidad imputable a la situación política, digan lo que digan sus responsables, cuyas opiniones están mediatizadas por su propia situación personal y las de sus compañeros de gabinete o de partido. Sin embargo, no pueden atribuirse todos los males a los escándalos, aunque puedan ser éstos el detonante.

Por otra parte, la tesis de que pudieran haber existido otros factores externos que hubieran ayudado a que nuestra divisa se depreciara puede ser en parte cierta, pero en todo caso resultaría insuficiente para justificar un realineamiento –por utilizar un término suave– que en Europa sólo afectó a la peseta y, en menor medida, al escudo portugués.

Los mercados son tremendamente sensibles, siempre fue así, a la especulación y a determinadas situaciones coyunturales, pero aplican un castigo mucho mayor si interpretan que determinada crisis comporta, además, un fundamento básicamente estructural. Una inflación no controlada, un índice de paro impresentable para un país occidental y un déficit público disparado y sin visos de solución a corto son algunas de las tristes realidades actuales de nuestra economía.

Ante este escenario, la reciente devaluación parece, más que una solución, una huida hacia adelante ante una situación que pudiera forzar una salida de la peseta del Sistema Monetario Europeo (SME). La reacción posterior de los mercados ha confirmado plenamente esta hipótesis, con el agravante de que actualmente se vuelve a estrechar el margen de maniobra, y con él, aumenta el peligro de nuevos ataques; viene a ser, en definitiva, el cuento de la pescadilla que se muerde la cola.

La consecuencia más grave de la decisión de devaluar es la renuncia tácita del gobierno a formar parte de la Unión Económica y Monetaria (UEM) ante la suposición de que ésta se produzca en 1998. A menos que el problema sea salvado por acuerdo de los países de la Unión con una interpretación tan liberal de los compromisos que parezca más bien un acto de prestidigitación. Por lo demás, las otras secuelas son las de siempre: se gana en competitividad vía precios (la calidad de nuestros manufacturados no permite subir el precio de las exportaciones) y se pierde en inflación (nuestra dependencia del exterior es importante por carecer de fuentes energéticas propias, entre otras cosas) y en tipos de interés (su subida perjudica a la balanza de rentas y por tanto al déficit por cuenta corriente). En definitiva, la situación parece grave, no tanto por la obligada medida devaluadora, sino porque todavía, tras cuatro devaluaciones, no se consigue una situación que logre estabilizar la economía. A pesar de los esfuerzos de las autoridades por presentarnos un marco favorable como consecuencia del crecimiento económico, el panorama se presenta cuando menos sombrío:

1) La demanda interna no contribuye a dicho crecimiento, pues éste se sostiene casi exclusivamente gracias a las exportaciones, y éstas, a su vez, se aguantan con base en depreciaciones de la divisa española y sus posteriores devaluaciones.

2) La incertidumbre política hace que no sólo huyan del país los inversores internacionales; incluso los nacionales se refugian en divisas y mercados más estables, lo que agrava significativamente la situación.

3) Siguen sin resolverse los tradicionales problemas estructurales (inflación, paro, déficit público, etc.), lo que nos lleva a un "pleno" a la

hora de contabilizar incumplimientos dentro del plan de convergencia comunitario.

Ante tal panorama, muchos se preguntan por qué sigue la peseta aferrada a SME. ¿Es que todavía alguien puede confiar en una corrección a tiempo de los desequilibrios que nos permita formar parte de la UEM en 1997 –a través de pactos políticos improbables que salven los plazos marcados– después de la última devaluación? ¿o acaso alguien, además del Sr. Serra, puede creerse que todos los problemas provienen de la debilidad del dólar?

* * *

Con motivo de la detención en Alemania del fugado Puigdemón, se suscitó la controversia sobre si hubo o no violencia por parte de los independentistas. La aportación a la polémica quedó plasmada en el siguiente artículo.

2. La violencia

Quizás el mayor problema de los independentistas catalanes sea el que ellos mismos no alcanzan a creerse sus propias mentiras, aunque las utilicen con profusión. En su búsqueda de justificación ante lo injustificable, aducen supuestos argumentos contradictorios que caen por su propia base, limitándose a repetir determinados mantras con el objeto de intentar camuflar sus delitos. Uno de sus falsos argumentos pasa por intentar demostrar que perseguían su legítimo objetivo secesionista sin violencia. Para ello cuentan incluso con la ayuda de militantes antisistema que curiosamente se declaran no independentistas. Es el caso, por ejemplo, de Ada Colau, quien declaró «en Catalunya no existe violencia. No generemos alarma donde no existe».

No entraré en disquisiciones sobre si los actos realizados por el expresidente Carles Puigdemont jurídicamente deben ser calificados como actos de rebelión, como sostiene el juez Pablo Llarena. Me limitaré a dejar clara la evidencia de que violencia sí hubo y que se sigue practicando desde las filas de los secesionistas. El uso de la fuerza para conseguir o imponer un fin significa un ejercicio de violencia, se mire como se mire, con independencia de su calificación jurídica.

Los asedios a la Guardia Civil y a la Policía Nacional o los más recientes disturbios cortando carreteras y saboteando peajes son ejemplos clarísimos que destrozan las tesis de que los separatistas optaron por lo que ellos denominan protestas pacíficas. Sus actos sobrepasan inclusive otras formas de violencia, que también utilizan, como pueden ser la psicológica o la verbal. Pese a ello, Pere Aragonés, miembro de ERC y actual secretario de Economía de la Generalidad de Catalunya, no tuvo empacho en declarar que «la violencia que intentan vender es un producto mediático para hacer creíble los atestados de la Guardia Civil y los razonamientos del juez Llarena».

Recientemente, tras la detención en Alemania del fugado Puigdemont, parece que estuviéramos pasando a la siguiente fase. No sé si por el terror que causa su posible extradición, o debido a que los hechos imputados son fácilmente demostrables, lo cierto es que los abogados defensores del expresidente han variado la línea seguida hasta ahora en su defensa. En concreto, el abogado Jaume Alonso-Cuevillas, en su recurso ante el Tribunal Supremo, intenta minimizar las conductas violentas, aun reconociéndolas en parte, al asegurar que se trata de «episodios completamente aislados», para concluir que las imputaciones en todo caso deberían haberse dirigido directamente «a los autores de dichas conductas, pero nunca a sus defendidos».

Con teorías tan peregrinas como ésta, el inductor de cualquier delito realizado por un sicario debería ser absuelto. O por idéntica razón, cualquier sátrapa jamás sería responsable de las ejecuciones por él ordenadas. Habría que castigar a los verdugos. País, que diría Forges.

✳ ✳ ✳

En 2012, el artista Miquel Barceló terminó una capilla en la catedral de Palma de Mallorca que se vio envuelta en una polémica sobre la calidad y la oportunidad de la misma, al estar ubicada dentro de esa joya del gótico que es la seo palmesana. Todavía hoy esta obra es objeto de controversia

3. Andersen y la capilla de Barceló

Tras la inauguración de la capilla de Barceló realicé una visita, pienso que obligada, a la catedral para contemplar la obra del artista. La crítica prácticamente generalizada era totalmente favorable a nuestro paisano universal y mi predisposición a celebrar su éxito también lo era. Sin embargo, tengo que admitirlo, la visita resultó para mí desilusionante. La oportunidad que se le brindó al artista es un asunto tan trascendente que creo merecía un tratamiento y un esfuerzo mucho más serio por su parte. El resultado final de la capilla, sinceramente, creo que ha supuesto un despilfarro de una oportunidad única. No cabe duda que la ocasión de realizar una obra para un templo como la catedral de Mallorca era un reto que Barceló ha desperdiciado lamentablemente.

Para mí, el Arte, en mayúsculas, además de plasticidad y originalidad, requiere ante todo dominio de la técnica y del equilibrio. Barceló, al menos en este caso, pienso que no ha estado a la altura de las circunstancias. El conjunto de la capilla no se ajusta en absoluto a lo que uno pensaba de un artista consagrado y merecedor de un premio tan importante como es el que su obra luzca en un marco como el de la catedral. Aún sin entrar en la calidad de la obra artística, siempre sujeta a la subjetividad de quien la contempla, existen elementos importantes en la misma que cuando menos son cuestionables.

Las innumerables grietas que adornan la capilla no son más que el resultado de un procedimiento técnico no resuelto, por mucho que Miquel Barceló lo explique como un elemento creativo adicional. Cualquier aprendiz de ceramista sabe lo importante que es el proceso de la cocción y las consecuencias de la falta de dominio sobre este importantísimo proceso. Es cierto que quizá no existan precedentes de cocción de elementos de proporciones semejantes a las de la capilla, pero la realidad de las grietas, caprichosas en este caso, desde mi punto de vista no debieran haberse presentado como una virtud creativa.

La creatividad de un artista, por otra parte, es libérrima en cuanto a la posibilidad de expresar cualquier fórmula que dé rienda suelta a su inspiración, pero entiendo que, como el caso que nos ocupa, también debe ser coherente con los encargos que acepta. Resulta fácil asumir que un artista decida utilizar la técnica de los puños (sic) para modelar el barro en forma de panes y peces; está en su derecho, faltaría más. E incluso que utilice la alegoría de las frutas, pero no creo que las calaveras tengan algo que ver con el pretendido misterio y sí con los puños de un artista que da la impresión de que juega a ver lo que sale y quizá olvida el motivo del encargo.

Otro aspecto esencial del conjunto que conforma la capilla es el de la luz. Es cierto que la instalación eléctrica es impecable, pero es al mismo tiempo una lástima. Existiendo la posibilidad de aprovechar los magníficos vitrales como fuente de energía lumínica natural, Miquel Barceló vuelve a sorprender. Diseña unas vidrieras opacas que apenas dejan traspasar la luz exterior y sustituye los tradicionales mosaicos por un casi imperceptible dibujo de algo parecido a una espina de pescado en negativo ¿Otro acto sublime de creatividad o simplemente miedo a enfrentarse al problema técnico que supone el aprovechamiento de la luminosidad natural? Sinceramente, no lo sé.

Déjenme que les diga, por último, que al observar el conjunto de la obra de Barceló me vino a la memoria el cuento El traje nuevo del emperador, de Hans Christian Andersen, y créanme que lo sentí. Por Barceló y por la Seo.

Uno de los comicios a los que tanto nos hemos abonado en España últimamente, concretamente las elecciones autonómicas de mayo de 2011, fueron un tanto especiales. España se encontraba en una situación económica deplorable, como consecuencia de una crisis que costó más de seis años superarla, y no completamente, porque dejó tras de si una exclusión social muy importante. Era, pues, una ocasión única para reflexionar sobre algunas de las cosas que esperábamos de los políticos... y todavía esperamos.

4. Deseos para el día después

Me encantaría que el futuro presidente de Baleares que saldrá de las elecciones del próximo día 22 se olvidara de cualquier tipo de sectarismo y se preocupara de una vez por los problemas de los ciudadanos.

Que optara por la transparencia y nos dijera siempre la verdad por cruda o impopular que ésta pueda resultar. Para ello sería necesario que admitiera que nuestra economía sufre el grave problema de la estanflación. Es decir; que padece a la vez las consecuencias de un proceso de estancamiento económico, con una inflación fuera de control y un desempleo inaceptable. Que esta aparente paradoja sólo puede combatirse con otra paradoja: impulsar el consumo, aumentar la productividad y a la vez contener precios. Y que para solucionar esta situación crítica hacen falta esfuerzos por parte de todos, pero sobre todo de la clase política, que no puede seguir tomando medidas que sólo afectan a los demás.

Que sea consciente de que urge sobre todo aligerar las cargas públicas con el objetivo de transferir mayores recursos a la economía productiva, de la que tanto se habla pero que tan poco se cultiva. Sólo desde esta perspectiva el nuevo gobernante tendría la autoridad moral ante los contribuyentes para pedirles más sacrificios.

Me gustaría que nuestro representante tuviera el valor de admitir que en Baleares no puede haber –y de hecho no existe– Estado del Bienestar desde el momento en que tenemos más del 25% de paro y que, en lugar de combatirlo, seguimos apelando a un endeudamiento público que cada día nos empobrece más. Ocultar el polvo bajo la alfombra del déficit público y el endeudamiento, incrementando ambos, no es contribución que valga para conservar el bienestar que producen los servicios sanitarios y educativos gratuitos. Si acaso, ayudan a dinamitarlo.

Ansiaría comprobar que, como primera medida, el nuevo gobierno empezara por suprimir las subvenciones arbitrarias y variopintas –por llamarlas de forma amable– a las que por desgracia estamos tan acostumbrados. Los incentivos –con la que está cayendo– deberían ir ligados necesariamente a la productividad, como los salarios, por lo que –de momento, y aunque fuera por una cuestión de prioridades– los beneficiarios no seguirían siendo organismos y asociaciones que nada tienen que ver con la economía productiva y sí con el adoctrinamiento sectario.

Desearía que el presidente fuera decidido hasta el punto de eliminar de la Administración todos los estudios inservibles, absteniéndose de nombrar asesores que nada aconsejan. Que para tales menesteres dispone de una sobredimensionada plantilla funcionarial a su servicio. Sobre ella puede pesar la duda de su productividad per cápita, pero no su preparación técnica, pues se supone que los funcionarios ganaron sus plazas por oposición en virtud de sus capacidades.

El ciudadano de a pie desearía oír, y yo también, del destinatario de su confianza, algo tan trivial como que aquellos estudios que no pueden ser elaborados por los funcionarios públicos a coste cero son tan inútiles como gravosos para los contribuyentes, o que, para recibir asesoramiento no hace falta mantener en plantilla a tantos personajes nombrados a dedo bajo el paraguas de cargos políticos no electos.

Querría que nuestro futuro líder fuera capaz de eliminar determinados servicios superfluos, admitiendo que ni él ni sus consellers necesitan dos o tres secretarias y otros tantos chóferes. Desviar llamadas telefónicas y viajar tras cristales tintados no ayuda precisamente a la cercanía con el ciudadano, que es la primera obligación del gobernante.

Suspiro para que el presidente electo adelgace al máximo los Consells, eliminando el de Formentera por innecesario, con el fin de evitar solapamientos inadmisibles, y que ejerza sobre ellos un control que no sólo impida gastos superfluos, sino también la insoportable ola de corrupción que han tenido que soportar los ciudadanos durante las últimas legislaturas.

Me apetecería que nuestro representante electo fuera capaz de modernizar la Administración.

Que tuviera la valentía de privatizar todos los servicios mal gestionados, aunque por ello, y sin razón aparente, tuviera que enfrentarse a unos sindicatos que uno no sabe ya si están para defender a los trabajadores o para mantener viejos vicios que nos condenan a nuestra secular falta de eficiencia y productividad.

Que asumiera que las autonomías no pueden seguir repletas de consorcios, institutos y otras zarandajas que nos cuestan un dinero que ya no podemos pagar. Que suprimiera la plantilla de ordenanzas —auténtica reliquia del siglo XIX— reconvirtiéndolos en auxiliares y dejando sus funciones en manos de la moderna mensajería, como hicieron hace más de treinta años las empresas privadas.

Sueño que nuestro futuro líder pudiera obsequiarnos, aun en la necesidad ineludible de recortar el gasto público, con el mantenimiento en sus puestos de la totalidad de la nómina de funcionarios, junto con el anuncio de su firme decisión encaminada a amortizar todos los puestos vacantes hasta que las plantillas adquirieran la dimensión adecuada, utilizando para ello criterios de efectividad y eficiencia.

Tengo la ilusión de que el nuevo mandatario fuera capaz de abandonar todo vestigio de demagogia, abordando asuntos impopulares, pero necesarios en momentos como los actuales. Como el copago sanitario, una fórmula que posibilitaría reconducir unos maltrechos recursos y que haría posible una mejora de los servicios y una reducción de abusos que nada tienen que ver con una correcta asistencia.

Sería un placer constatar que el próximo mandatario anunciara la eliminación de trabas burocráticas al tiempo que facilitara la libre competencia a través de la libertad de horarios.

Por último, mi deseo sería que el futuro presidente creara una oficina gubernamental –al estilo Barea– de control del gasto y que éste se publicara en Internet.

Todos mis anhelos son realizables y su puesta en valor sería positiva para la ciudadanía, aunque mucho me temo que ello no ocurrirá tras los próximos comicios.

* * *

La política lingüística ha sido utilizada para el adoctrinamiento, desde hace años, como si de un ariete se tratara. Lo peor del caso es que quienes la usan suelen conseguir sus propósitos, algo que había y hay que denunciar.

5. A golpe de decreto

Hace unos días me quedé estupefacto, a pesar de que pueden creerme si les digo que jamás tomo estupefacientes, sólo con observar los cambios realizados por el Govern del Pacte con la aprobación de su decreto de lenguas. A través de él, nuestros dirigentes intentan imponer en la práctica una total inmersión lingüística en catalán a nuestros estudiantes de la escuela pública. Amparándose en el Decreto de Mínimos de 1.997, nuestro ejecutivo insiste en un error que viene de antiguo, obligando a impartir "un mínimo del 50 % en catalán", sin máximos, aunque sin aplicar también mínimos a la enseñanza en castellano, como sería lo más lógico, dada la cooficialidad de ambas lenguas.

Por lo que respecta al inglés, el referido decreto en la práctica deja en exclusiva a los colegios la posibilidad de establecer una sola asignatura no lingüística en el idioma de los británicos. O ninguna, que es lo resultará más cómodo para quienes tienen que tomar la decisión. De hecho, tal es la desconfianza del Govern en que nuestros escolares puedan acceder a ella, que está estudiando la posibilidad de emitir películas a través de IB3 en versión original y subtituladas. No descarto que sea necesario ampliar la medida al castellano en el futuro, conociendo el percal de la mayoría de los maestros de la pública.

Esta vuelta a las andadas perjudicará sobre todo a los estudiantes de los colegios públicos, pero también, aunque en menor medida, a los de la concertada. Es decir, una vez más en nombre del progresismo, en la práctica se producen las condiciones ideales para dejar de lado dos de los cuatro idiomas más importantes del mundo. Eso sí, sólo para los estudiantes cuyas familias se supone no disponen de recursos suficientes para inscribirlos en colegios privados. Estamos ante una nueva y supuesta discriminación positiva (?) más.

Resulta ocioso recordar que estas medidas las toma el ejecutivo de la inefable Francina Armengol para defender -supuestamente- la lengua de Pompeu Fabra, aunque me temo que la verdadera razón resida en un intento de que dicha lengua y escritura se utilice en exclusiva en nuestras Islas. De nada sirve que personas tan sensatas como Albert Boadella reivindiquen para nuestros alumnos la posibilidad real de ser perfectamente bilingües o incluso trilingües. De lo que se trata, por lo visto, es de que la inmersión en las escuelas alcance sólo al catalán. Como en el franquismo, sólo que al revés. Con medidas impuestas que sólo afectan a las familias con menores posibilidades económicas. Así se escribe la historia de la antigua militante de Esquerra Republicana, como muy bien nos recordaba hace días Ramón Aguiló Munar.

* * *

La lacra que significa la corrupción amenaza en convertirse en un problema sistémico, entre otras cosas, porque los partidos nada hacen por combatirla. Es más, llegan a utilizar en provecho propio las flaquezas de sus militantes. El caso de Cristina Cifuentes, que le supuso el abandono de la política, es un buen ejemplo de ello

6. El caso Cifuentes

Intentó sisar dos botes de crema embellecedora hace ocho años, pero lo suyo no es equiparable al asalto al tren de Glasgow, por supuesto. Declaró en su currículum un máster falsificado, pero de ahí a compararla con Elmyr de Hory o Mark Landis sería injusto. Tal vez no atesora las virtudes de Santa María Goretti, aunque nada hace pensar que le sea imputable lo de mujer pública por algo más que los cargos que ha ocupado durante años. ¿Por qué entonces tanto revuelo con la dimisionaria presidenta de la Comunidad de Madrid? Muy sencillo. Porque en política, a un cargo público no se le deben perdonar ni siquiera deslices que en la vida privada no pasarían de una mera anécdota. En este caso, sin embargo, concurren circunstancias muy significativas en su desarrollo que van mucho más allá de una mera destitución de un cargo público y merecen ser abordadas no tanto por el hecho de la dimisión como en la forma y el por qué.

No parece una casualidad que tan sólo seis días antes de filtrarse el vídeo, Cristina Cifuentes hubiera denunciado ante la Fiscalía presuntas irregularidades cometidas en la frustrada Ciudad de la Justicia de Madrid, en tiempos de Esperanza Aguirre. Como tampoco lo parecen las fechas de publicación de las infinitas anomalías en la obtención del supuesto máster procedente de la URJC, fundada y auspiciada bajo la presidencia de Alberto Ruiz-Gallardón. Sobre todo, si tenemos en cuenta que la dimisionaria presidenta también había destapado el caso Lezo, con detención de Ignacio González incluida.

Más allá de los injustificables deslices por parte de la Cifuentes, que ya nadie discute, resulta que las filtraciones interesadas han dejado al descubierto otro tipo de podredumbres todavía más preocupantes.

La cúpula del Partido Popular tenía que conocer necesariamente la irregularidad cometida por su entonces vicepresidenta de Madrid en Eroski y, lejos de reaccionar al respecto, decidió encumbrarla hasta alcanzar la presidencia. Este hecho tiene importancia, porque plantea una situación que por desgracia viene repitiéndose. El partido con sede en Génova finge desconocer las tropelías de sus cargos públicos e incluso puede que las apoye. Hasta que las evidencias son abrumadoras e incontestables, claro. Sucedió con Pedro Antonio Sánchez, expresidente de Murcia, y ha ocurrido ahora con Cristina Cifuentes. Los populares solo combaten la corrupción cuando Ciudadanos les obliga a ello ante el peligro de tener que abandonar el control de las instituciones. Por tanto, es fácil de entender, salvo para la cúpula del partido, la creciente desafección por parte de sus militantes y electores, porque el silencio, la falta de iniciativa y la inacción son imperdonables ante la corrupción, aunque en el PP parecen desconocerlo.

España es un país admirable en casi todos los aspectos, pero su carcasa burocrática, su decimonónico sistema educativo y su obsoleta y desfasada estructura judicial hacen que no pueda ser considerado un país avanzado. Veamos a continuación un ejemplo del porqué.

7. La Justicia

Hace unos días leí con estupor que un camión trasladó recientemente los cien tomos y más de 76.000 folios del caso Nóos desde los juzgados de Vía Alemania hasta la Audiencia Provincial de Palma, donde se celebrará el correspondiente juicio. Vaya por delante que no tengo la menor intención de prejuzgar el resultado de este caso. Tampoco entraré en consideraciones sobre el fondo del mismo, entre otras razones porque ya se han gastado toneladas de tinta de imprenta en comentarios sobre los protagonistas acusados, aunque sí daré mi opinión sobre las formas. No me resisto en llamar la atención sobre algo que desde mi punto de vista es una barbaridad y ocurre con más frecuencia de lo que uno desearía.

¿Cómo es posible que la instrucción sobre un solo juicio pueda ocupar semejante espacio en papel, teniendo en cuenta además que procede de una pieza separada? Sinceramente no encuentro respuesta razonable, pues dudo mucho que los jueces que tienen la obligación de juzgar este caso sean capaces de leer íntegramente tal cantidad de escritos. Para que se hagan una ligera idea, empaparse 76.000 folios supone aproximadamente lo mismo que leer unos 480 libros de 400 páginas cada uno. Sin embargo, aunque pueda parecer increíble, es así y con ello no quiero decir que la instrucción esté mal hecha, sino sencillamente que nuestro ordenamiento jurídico pide a voces un replanteamiento urgente.

¿Se imaginan la cantidad de horas de trabajo dedicadas por el Sr. Castro para poder concluir con su trabajo? ¿Y las jornadas que habrán tenido que invertir los funcionarios que se han utilizado para mecanografiar los cien tomos de esa causa, sin contar el tiempo destinado a las diligencias previas?

Resulta frecuente que los funcionarios de Justicia se lamenten de falta de personal de todo tipo e incluso de espacio físico, ahogados entre miles y miles de legajos que, permítanme que se lo diga, no sirven si lo que de verdad se pretende es hacer Justicia. Si acaso ocurre todo lo contrario, porque esas situaciones provocan que desde el inicio de una causa hasta su resolución pasen años y más años. Y ello sin contar con los frecuentes recursos que suelen producirse.

Pedir más personal y más dedicación no es la solución, como tampoco lo está resultando la también lenta informatización de ciertos procedimientos judiciales. Mientras sigamos ahogándonos en burocracia y formulismos la Justicia seguirá siendo un lastre más que una solución. Es cierto que nuestro sistema es tremendamente garantista, pero ello no tendría que ser incompatible con una necesaria agilidad y rapidez. En el fondo lo que fallan son los procedimientos, impropios del siglo XXI.

Dicho todo lo anterior, resulta cuando menos sorpresiva la pasividad de los políticos ante el problema, no sé si por una cuestión de incapacidad, de conveniencia o ambas cosas a la vez. Sabiendo, como saben, que un Estado de Derecho tiene su fundamento, entre otras cosas, en una

Justicia rápida y eficaz no se entiende muy bien – o tal vez sí– que nadie haga nada por poner remedio.

* * *

En 2011, la ciudad de Palma vivió una serie de altercados en Son Gotleu, uno de sus barrios marginales, provocados por la muerte de una persona africana. Tras el fallecimiento, se desataron toda clase de trifulcas y enfrentamientos entre los componentes de las distintas etnias que componen aquel singular territorio.

8. El Bronx de Palma

Cuando Ginés Quiñonero, ex concejal socialista y actual presidente de la Asociación de Vecinos de Son Gotleu declaraba que "estaba cantado que en cualquier momento saltaría la chispa y la situación estallaría" no estaba realizando unas declaraciones con un punto de xenofobia. Aunque alguien pueda pensarlo, el problema de este Bronx palmesano no es el racismo, como tampoco lo fue en el barrio neoyorquino. En Son Gotleu hay más de un setenta por ciento de residentes, entre chinos, magrebíes, gitanos y nigerianos, que están muy lejos de estar adaptados a los usos y costumbres de la mayor parte de quienes residimos en

Palma, pero el problema no deriva del color de su piel, ni de su procedencia, ni de su raza. Tampoco de sus culturas, tan distintas todas ellas de la española tradicional.

El brote de violencia que ha sido portada de periódicos y telediarios estos días habría que buscarlo en las especiales características con las que conviven los vecinos del barrio. Una comunidad con un índice de paro como el de esta barriada palmesana, unida a una permisividad y pasividad totales no podía desembocar en algo diferente a las algaradas vividas, en donde las mafias de la droga encuentran un campo abonado y las leyes son mero papel mojado. Este problema, en suma, tiene un claro culpable en unos dirigentes que, amparados de un falso progresismo, permitieron absorber una cantidad de inmigrantes que nuestra sociedad no podía admitir en unas condiciones mínimamente aceptables y, como consecuencia de ello, las abandonó a su suerte ¿Eran pues previsibles los brotes de violencia vividos? Por supuesto.

El desencadenante esta vez ha sido la muerte –fortuita o no– de Efosa Okosun, pero hubiera podido ser otro. Son simplemente las consecuencias del llamado cuarto mundo: cuando el tercer mundo se instala en guetos situados dentro de los países desarrollados.

Este no es más que el principio de una situación explosiva si no se le pone un remedio contundente. No podemos seguir sin proteger a los no delincuentes y no perseguir de manera adecuada a quienes sí lo son. Para ello no existe otro remedio que la tolerancia cero para la delincuencia, impuesta por el alcalde Rudolph Giuliani en Nueva York a principios de los noventa y seguido a rajatabla actualmente por Michael Blooomberg. Esta es una conclusión a la que llegó también David Cameron, premier británico, quien, tras asegurar que "Gran Bretaña no permitirá que una cultura del miedo se apodere de las calles del país" contrató a William J. Bratton, el máximo responsable de policía de Nueva York cuando esta ciudad pasó de ser una de las más peligrosas del mundo a ser una de las más seguras, gracias a la decisión de Giuliani.

Ojalá nuestros representantes, aunque sea por una vez, tengan la valentía de afrontar una situación difícil, pero todavía reversible. Y que no vengan los de siempre a analizar falsos costes sociales. El verdadero coste social es el que sufre la gente decente, no los delincuentes.

* * *

El siguiente artículo fue publicado el 10 de mayo de 2016, cuando los españoles nos estábamos preparando para acudir a las urnas en las elecciones generales que se celebraron el 16 de junio de ese mismo año.

9. Economía y racionalidad

Hace apenas una semana BBVA Research publicó su último informe, titulado Observatorio Económico España. En él se destruyen -aunque no se citen expresamente- algunos de los mantras a los que por desgracia nos estamos acostumbrando a escuchar. Vincular el crecimiento económico al bienestar social es uno de ellos.

En el referido informe se constata claramente el deterioro sufrido en los últimos años por parte de la clase media española. Este detalle explicaría por si solo la necesidad de una serie de cambios estructurales que explican la enorme pérdida de votos del Partido Popular en las elecciones del 20 de diciembre pasado. Lo más preocupante del caso es, sin embargo, que no parece que los populares estén dispuestos a aceptar la más leve autocrítica al respecto de cara a las próximas elecciones generales.

El informe del prestigioso departamento de estudios económicos, entre otras cosas, deja clara la necesidad urgente en la toma de medidas que incentiven el consumo y reduzcan la presión fiscal. También aconseja insistir en la necesidad de completar la reforma laboral con el objeto de generar empleo estable. Viene a corroborar, en suma, las tesis expresadas por Luis Garicano a través del programa económico de Ciudadanos, en el que se propone incentivar el consumo mediante dos ejes fundamentales. Crear empleo estable mediante la puesta en marcha de un contrato único y a la vez reducir la carga fiscal. Dichas medidas irían encaminadas a un aumento significativo del empleo y también de la recaudación, pues una menor carga impositiva se vería compensada con creces por una importante ampliación de la masa de cotizantes estables y unas mayores disponibilidades líquidas en manos de los contribuyentes.

Hace pocos días el propio Antonio Garamendi, vicepresidente de la patronal CEOE, llegaba más lejos incluso, al admitir la conveniencia de un aumento generalizado de los salarios. Por otra parte, tanto Amancio Ortega como Juan Roig son dos ejemplos para seguir. La política salarial de Mercadona es un ejemplo clarísimo de que hay un amplio margen de subidas de sueldos si éstos se ven acompañados de una mejora de la eficiencia y por tanto de la productividad. Como lo es la recientemente anunciada subida salarial de un 10% para todos los empleados de Inditex.

Por desgracia esos ejemplos no se corresponden con la mayoría de las empresas, ni con sus posibilidades, de ahí la necesidad de que el próximo Gobierno salido de las urnas sea capaz de reformar unas estructuras que penalizan la enorme capacidad de crecimiento de nuestra economía debido a sus rigideces. Ojalá el inmovilismo de unos y el populismo de otros den paso a quienes, como Garicano, Garamendi, Ortega, Roig o los responsables de BBVA Research, apuntan hacia la única solución: una política económica razonable.

* * *

El artículo que viene a continuación es una reflexión sobre la gran mentira que supone el arrogarse supuestos derechos sin otra razón que no sea la de la voluntad propia, situándola por encima de cualquier ley, norma o precepto.

10. El derecho a decidir

A quienes defienden el derecho a decidir no les falta razón. Al ser humano le asiste la posibilidad de defender cualquier idea, por descabellada que pueda parecer, faltaría más, pero sobre todo si lo hace en el seno de un Estado de Derecho, donde existen garantías e igualdad, pero sobre todo respeto para todos los ciudadanos. Ocurre sin embargo que, si las decisiones las toma un individuo fuera de la legalidad y además afectan a la colectividad o perjudican incluso a una sola persona, tendrá que atenerse a las consecuencias. Para esto están las leyes, por muy injustas que le puedan parecer a uno. Estas consideraciones, tan sencillas y fáciles de comprender, están provocando controversias a pesar de que algunos no las entienden o prefieren no entenderlas.

Otra de las polémicas por desgracia recurrentes en España hace alusión a supuestos hechos diferenciales para justificar determinadas ambiciones personales. Lo cierto es que realmente existen los hechos diferenciales y no sólo se dan en el seno de determinada colectividad en su conjunto, sino en todos y en cada uno de los individuos que la componen. Simplemente llevamos impresas nuestras particularidades en el ADN, algo que nos hace a todos diferentes, aunque no por ello dejamos de ser iguales ante la ley.

Por lo general quienes se arrogan supuestos derechos sociales en aras de otras no menos imaginarias particularidades a título colectivo lo hacen con un único trasfondo, que no es otro que el económico. No existe método más fácil para intentar convencer a la gente que el de prometer ventajas personales a cambio de adhesiones a cualquier causa por irrazonable que pueda resultar. Por poner un ejemplo, si nos olvidáramos de la obligatoriedad de pagar impuestos o preguntáramos sobre la conveniencia de abonar los recibos de luz o los de la comunidad de vecinos y añadiéramos además que son derechos personales inalienables, ya pueden ustedes imaginar la respuesta.

Con el llamado caso catalán tenemos un ejemplo muy claro. Algunos sostienen que sobre el futuro de Cataluña quienes tienen que decidir son sólo "los catalanes". Parece que se olvidan de que hace siglos Cataluña forma parte de España y por tanto al conjunto de los españoles y que tenemos un marco de convivencia llamado Constitución que así lo proclama, aprobada mayoritariamente, por cierto, también por los catalanes.

El reciente sainete montado por Mas y las CUP van todavía más lejos. Pretenden la inmediata "desconexión" de España mediante una votación en un Parlamento sin competencias para ello y aun a sabiendas de que una mayoría de los catalanes votaron opciones contrarias a la secesión en lo que ellos mismos dieron en llamar "elecciones plebiscitarias", algo legalmente inexistente pero que todos entendimos en su día.

* * *

En 2010 el gran Albert Boadella dio una conferencia en Palma de Mallorca. Su discurso estuvo basado en un conflicto, el catalán, que todavía no había alcanzado su cénit, pero que ya se estaba gestando. Con la inestimable ayuda, todo hay que decirlo, de José Luis Rodríguez Zapatero

11. El arte de lo políticamente incorrecto

La reciente conferencia de Albert Boadella en Palma, además de sobresaliente, resultó en cierto modo sorpresiva. Uno esperaba la actuación estelar de un gran actor, pero lo que dijo superó con creces a como lo dijo. No es que las expectativas en cuanto a la forma dejaran que desear, pues estuvo brillante, irónico como siempre, claro en la exposición y con unas tablas dignas del extraordinario actor que lleva dentro; magistral, en definitiva.

Pero hubo algo más. El contenido de la conferencia fue aún superior al continente. Los asistentes esperábamos algo parecido a la representación de un vodevil y nos encontramos con una sensacional tragicomedia en dos actos en la que no fue necesario apelar a la caricatura y cuyo desenlace todavía no se ha producido, pero lleva camino de ello. Nos obsequió con una comedia actual, con autor –o mejor, autores–, basada en la historia y la vida real españolas. Si alguien, a estas alturas del partido, todavía no conocía el porqué del nombre de su compañía de teatro –Els Joglars– sin duda ya lo sabe.

Quienes tuvimos la suerte de asistir a la conferencia pudimos comprobar ya en sus inicios un fenómeno extraño que se da muy pocas veces en nuestro país: el conferenciante ofrecía al auditorio un resumen de lo que la inmensa mayoría piensa, pero que jamás suele manifestar, al menos públicamente. Quizá estuviera en lo cierto el lúcido Josep Pla cuando le dijo aquello de "ten cuidado; estamos en un país de cobardes", pero si así fuera, Boadella sería la excepción. De ahí que de repente un soplo de aire fresco y no contaminado inundara la sala, a pesar de los negros augurios del conferenciante. No aparecieron ni por asomo los falsos eufemismos, las medias verdades, los fariseísmos o las mentiras, tan corrientes y habituales por estos pagos.

Por una vez pudimos contemplar, y espero que sirva de precedente, que lo políticamente correcto sucumbió estrepitosamente ante la verdad desnuda. Esta es la razón por la cual la gente agradeció con abundantes aplausos un análisis del cómo, el cuándo y el por qué estamos llegando a una situación de dinamitación de un Estado de Derecho que simplemente obedece a espurios intereses personales.

El auditorio pudo comprobar como ante cualquier denuncia de acciones poco recomendables, los protagonistas niegan sistemáticamente la mayor, intentan evitar cualquier tipo de investigación, se aferran como pueden al poder y, claro está, utilizan toda la maquinaria de que disponen para silenciar a quien osa denunciar sus desviaciones. Sin importarles lo más mínimo el interés general, claro.

Boadella puso como ejemplo la pérdida de brújula del Sr. Rodríguez Zapatero, que ha llevado al estado a una encrucijada de difícil solución, pero sobre todo hizo hincapié en los veintitrés años de pujolismo, a través de los cuales "el régimen" fue tejiendo una tupida malla, utilizando el todo vale para una causa propia, dando a entender que con ello estaba defendiendo a Catalunya, aún a costa de olvidar y silenciar a los ciudadanos de Catalunya de Tarradellas, verdaderos y legítimos depositarios de la realidad catalana.

Especialmente divertidos resultaron sus comentarios referentes a los llamados "hechos diferenciales", a menudo esgrimidos por los nacionalismos para justificar actitudes y sobre todo reivindicaciones absurdas. El *caganer*, la *sardana* y las *seques amb butifarra* son algunos de los ejemplos jocosos aportados por un catalán —este sí— de pura cepa.

Me temo que por una vez Jordi Pujol tenía razón: Albert Boadella es un tipo peligroso, pero yo añadiría que lo es sin duda para todos aquellos que están inmersos en la impunidad y en la doble moral. Los salva patrias y los distribuidores de carnés de democracia son ejemplos ilustrativos de personajes siniestros que a menudo nos hablan del bien general mientras están pensando en sus propios intereses, aunque éstos entren claramente en colisión con las más elementales normas éticas.

* * *

La irrupción en España de partidos como Ciudadanos, Podemos o Vox no es casual, sino la consecuencia de los errores cometidos por los dos partidos hegemónicos, PP y PSOE, durante cuarenta años. El siguiente artículo reflexiona sobre este asunto.

12. Algo está cambiando en el panorama social

España es una nación de contrastes. Si observamos a nuestro país desde el punto de vista de sus capacidades y posibilidades, sin duda lo tiene casi todo. Por ello, los españoles podemos esperar lo mejor de la tierra donde nacimos o vivimos. No obstante, habrá que admitir que pese a ello no creo que podamos estar orgullosos de pertenecer a la sociedad en la que estamos inmersos. Sobre todo, si reparamos en momentos como el actual, en el cual diferentes motivos coyunturales nos permiten observar un crecimiento económico aceptable y pese a todo siguen coexistiendo las dos Españas de siempre, tanto en sus aspectos políticos como en los económicos.

Puede que quizá sea la esperpéntica situación de permanente enfrentamiento, a la que por desgracia nos hemos tenido que acostumbrar, el motivo que impide un deseable bienestar social. Sólo desde el análisis de este matiz se entiende que la bonanza económica que señalan los datos de crecimiento del PIB –incuestionables– cohabite con unas bolsas de pobreza y una tasa de desempleo inasumibles para cualquier país que pueda considerarse medianamente desarrollado. Esta disfunción nos condena a vivir una situación ciertamente caótica y convulsa, tanto en lo político como en lo social, aunque es justo reconocer que algo está cambiando de cara al futuro.

A la pregunta de ¿somos los españoles víctimas o quizá responsables de la deplorable situación que vive nuestro país? no cabe más que una respuesta: ambas cosas a la vez. Somos responsables porque no hemos sido capaces de exigir a nuestros sucesivos gobiernos que tuvieran el más mínimo sentido de Estado, algo que nos ha convertido en víctimas de un país donde siempre primaron los intereses particulares, el amiguismo, el trapicheo y los cambalaches. Mientras tanto, o debido a ello, el egoísmo y la mentira –verdaderas antesalas de la corrupción– siguen instaladas en nuestra sociedad y hacen que no podamos aspirar a una convivencia digna.

Por mucho que se nos intente inculcar la idea de que nuestro problema se resuelve sólo con virajes a izquierda o derecha, con ellos no alcanzaremos una sociedad más justa. Las ideologías tradicionales tienen un margen de maniobra muy corto en el contexto de una sociedad civilizada. Si no somos capaces de entender que debemos lograr compararnos, con todas las consecuencias, con las naciones más desarrolladas, tanto en lo social como en lo económico, seguiremos instalados en la mediocridad, la irresponsabilidad, el populismo y la demagogia. Es ésta, por fortuna, una percepción cada vez más arraigada entre la ciudadanía.

El efecto más evidente de todo lo anterior lo encontramos en la volatilidad que últimamente venimos observando en el panorama político español. El evidente declive de las dos fuerzas hegemónicas junto con la irrupción de nuevas formaciones emergentes no es más que el resultado de unas políticas erráticas que la ciudadanía no parece seguir aceptando por más tiempo. Los votos asociados a adhesiones inquebrantables cada vez son menores. Como señala con toda la razón el profesor Garicano, las promesas y las propuestas políticas no sirven si no se ven acompañadas de los correspondientes compromisos no exentos de razón.

Siempre se dijo que quien decantaba el triunfo en las elecciones era el voto de los indecisos, pero con dos jugadores sobre el tablero. A partir de ahora ya no parece que nada vaya a ser como antes. Probablemente los mal llamados indecisos, aquellos que no están dispuestos a caer en el voto cautivo, cada vez sean más numerosos. Por el contrario, los votantes a piñón fijo o quienes acudían a la urna tapándose la nariz, dejarán de seguir consignas por su hartazgo ante la corrupción y la irresponsabilidad.

* * *

En el siguiente artículo, publicado por El Mundo de Baleares el 27 de noviembre de 2017, se intenta denunciar, una vez más, el peligro y las consecuencias de un adoctrinamiento mal entendido y, sobre todo, mal aplicado.

13. El adoctrinamiento

El adoctrinamiento sufrido por los estudiantes de la Islas en los colegios públicos es algo incuestionable, por mucho que se empeñe el Govern Balear en intentar demostrar lo contrario. Sorprende, ante la denuncia de Ciudadanos, el silencio del Partido Popular, como primer partido de la oposición. Esta extraña postura viene a dar la razón a Valentí Puig al asegurar en este periódico que "las ideologías alentaban principios, aunque fuera retóricamente. El marianismo no defiende ningún valor, solo atrapar el máximo de votos". Esta tibieza ideológica, empero, también puede llegar a provocar un efecto totalmente contrario al deseado. De hecho, ya está creando muchos problemas en el seno de los populares de Baleares, que ven como se multiplican las bajas entre sus afiliados, incrédulos ante la postura del partido con algo tan evidente como es el grosero aleccionamiento que sufren nuestros estudiantes en las aulas.

Quizás habría que matizar que el adoctrinamiento no es algo que en si mismo merezca una repulsa, pues existe en todo tipo de sociedades e ideologías. Educar, instruir o enseñar a través de determinado prisma es perfectamente legítimo, pero solo si se hace dentro de los límites que marca todo Estado de Derecho y nunca de manera excluyente. Esta es la sutil diferencia que justifica la denuncia de Xavier Pericay que no parecen entender los populares.

Soy perfectamente consciente del indecente adoctrinamiento padecido durante la época franquista, entre otras cosas, porque lo sufrí. Lo compartí con Valentí Puig, por cierto. Recuerdo cuando teníamos que perdernos el recreo si queríamos acceder a unas casi clandestinas clases de catalán, impartidas por Francesc de Borja Moll, pues durante las horas lectivas no existía otro idioma que no fuera el castellano.

Ahora pasa exactamente lo contrario. Más de cincuenta años han transcurrido desde entonces y, a pesar de ello, nuestras aulas públicas siguen imponiendo el pensamiento único -la unilateralidad como sinónimo de dictadura, ya saben-, solo que al revés.

El castellano, a pesar de ser uno de los dos idiomas oficiales, se ve marginado en las clases de nuestros alumnos gracias al apoyo incondicional del Govern y a la actitud silente de los conservadores. El argumento sobre la necesidad de proteger el idioma materno es comprensible y digna de aplauso, aunque no es éste el problema. La cuestión de fondo está en la desprotección evidente que sufre el segundo idioma más utilizado en el mundo y la inacción de nuestros políticos a la hora de aplicar una Ley que parece ser papel mojado para el PSIB, MES, Podemos y sorpresivamente también para el PP. Menos mal que el tiempo suele poner a todos en el lugar que les corresponde. Esperemos que en este caso así sea.

* * *

Para desgracia de todos, la corrupción es un tema recurrente, sobre todo entre los países latinos. Ello hace posible que en pleno 2019, en Italia, uno de cada seis diputados esté condenado o encausado. En España no llegamos a tanto, pero por desgracia parece como si lleváramos camino de conseguirlo. Lean el artículo.

14. El mal endémico de la corrupción

Está uno un poco harto de oír hablar de regeneración a la inmensa mayoría de los representantes políticos, mientras nada hacen por ponerla en práctica. Su discurso se queda siempre en palabras huecas de contenido. El problema ya no es únicamente el de las múltiples manzanas podridas que pululan por la vida pública sin otra experiencia que no sea la de medrar al socaire de sus mentores políticos.

La pregunta es si la raíz última de esta lacra que significa la corrupción anida en la mayor parte de los partidos políticos, verdaderas canteras de gente indeseable. La tendencia por apropiarse del dinero público en provecho propio en España representa un mal endémico que ya no se cura ni con la desaparición del partido que la propicia. Si no lo creen, vean el caso de la auto extinguida Convergència i Unió, resucitada merced al actual PDeCAT.

El último episodio lo estamos viendo estos días con los casos Lezo y Gürtel a través de las deposiciones -nunca mejor dicho- de los implicados. Es más que probable que las respectivas sentencias pongan en la cárcel a la mayoría de los acusados. Lo que ya no es tan creíble es que dichos fallos supongan un avance significativo en la regeneración de los partidos implicados, pues ello significaría comprometer seriamente estructuras basadas precisamente en la rapiña encubierta de fondos públicos.

El silencio atronador de las formaciones políticas ante casos de corruptelas puede considerarse transversal, pues alcanza incluso a partidos que presumieron siempre de *pedrigree* y honradez. Y aún siguen haciéndolo. A lo más que se ha llegado es al reconocimiento de algunos hechos irrefutables, para recordarnos a continuación que sus tropelías no son comparables a las de sus adversarios. Los latiguillos de "no hay comentarios hasta que haya sentencia firme" y las continuas alusiones a la presunción de inocencia esconden en realidad la podredumbre a la que se ha llegado.

Las contrataciones ilegales realizadas nada más aterrizar en el poder, la adjudicación irregular de contratos, el cobro dietas tras haberse comprometido en campaña a suprimirlas o la aceptación de regalos que jamás deberían haberse admitido, son algunos de los casos vividos últimamente en Baleares. Todos ellos, es cierto, juntos no alcanzan en su gravedad a los escándalos de Gürtel y Lezo, de los ERE, de la presunta financiación ilegal del PP valenciano -admitida en sede judicial por Ricardo Costa-, del latrocinio en el Palau de la Música, de las mordidas de María Antonia Munar, de los casos de Filesa, Malesa y Time Sport. Pero también lo es que la actitud y la respuesta de los partidos involucrados es idéntica a la que hubo en los demás casos. El silencio.

Resulta incuestionable el hecho de que en la generación actual los valores tradicionales no cotizan al alza, precisamente. El problema no radica tanto en la existencia de determinados elementos carentes de la más mínima educación, modales y de comportamiento reprobable, sino en el hecho de que una parte importante de la sociedad no condene tales conductas y hasta en algunos casos les dé alas.

15. La sociedad actual

Me pregunto qué habremos hecho mal los españoles durante cuarenta años para que en las actuales generaciones proliferen sujetos que se comportan como Cassandra, Valtonyc, Rodrigo Lanza, Tomás Amorrortu, Andrés Bódalo, Pablo Hasel y tantos otros. Lo peor del caso no son tanto sus conductas como la cantidad de apoyos y disculpas que reciben por parte de una extensa capa de nuestra sociedad. Desconozco los mecanismos que conducen a tanta gente a minimizar el odio ante actuaciones tan reprobables, pero en algo seremos responsables al no haber sido capaces de educar debidamente a esos colectivos.

El sinfín de casos de latrocinios que asolan España nos conduce a otra de las reflexiones que deberíamos plantearnos. Cuando la ciudadanía está condenada a considerar como normal la rapiña incesante de dinero público a través de una corrupción política galopante, estamos hablando de una sociedad enferma y aunque nos duela, todos, por activa o por pasiva, hemos contribuido a que ello ocurra. En algo nos habremos equivocado.

Pienso que la mayor parte de los españoles todavía estamos de acuerdo en que la España que dejamos a nuestros hijos está ya casi vacía de valores. Tal vez no hemos hecho lo suficiente para conservarlos y ahora solo alcanzamos a darnos cuenta de lo difícil que será su recuperación. El respeto, la honradez y la educación cotizan claramente a la baja. Quizá nuestra falta de valentía ha impedido que lo razonable haya sucumbido tantas veces sobre lo irracional.

Entre todos hemos impedido que la concordia y la unión de todos los españoles se imponga, posibilitando un odio y un enfrentamiento que alcanza su máxima expresión en una Cataluña partida en dos mitades, donde hay quienes asumen mentiras como si de verdades absolutas se tratara. Para que ello haya ocurrido, unos serán más responsables que otros, pero todos lo somos en cierta medida.

Las tecnologías avanzan a gran velocidad y con ellas se abre un abanico de posibilidades para las generaciones futuras, aunque de momento también tendremos que preguntarnos en qué hemos fallado, porque su utilización a veces perversa ha contribuido a implantar, magnificar y amplificar nuestras vergüenzas como sociedad.

Grandes personajes como José Luis Sampedro, Gustavo Bueno o Antonio García Trevijano -por citar solo algunos- murieron sin que el conjunto de la sociedad de la que formamos parte hiciera el menor caso a sus sabios consejos. El último de ellos pagó incluso con la cárcel el haberse enfrentado -dialécticamente- a los forjadores de la España actual. El resultado es que cada vez queda menos gente que valga la pena. Habría que averiguar si debiésemos ser capaces de reconocer claramente que no hemos sabido construir una España como la que soñamos hace años.

Quien a estas alturas todavía se vea sorprendido por el desplome sin paliativos del partido que fundaron, entre otros, Iglesias, Monedero, Errejón y Bescansa, puede tomar nota de algunos de los comportamientos de sus miembros, como los que se describen en el artículo La vara de medir

16. La vara de medir

Aunque alguien lo intente, no se puede caer más bajo si nos atenemos a lo que comentó Pablo Echenique en su reciente tuit dirigido al Rey Felipe VI con motivo de su aniversario. Por si alguien todavía no lo leyó, lo reproduzco íntegramente: "Feliz cumpleaños a nuestro jefe de Estado que se elige por fecundación, es constitucionalmente inviolable, gana 10.000€ al mes, toma sopa con tres platos, vive en un palacio en medio del bosque e impone el collar de la Insigne Orden del Toisón de Oro a una niña de 12 años"

Como habrán podido observar, el mensajito no tiene desperdicio. Está trufado de reproches intencionados que intentan poner en duda la legitimidad del Rey por su ascendencia, además de la propia Constitución, su sueldo, su residencia, los títulos que legalmente tiene el derecho a otorgar, e incluso a quien los ofrece. Su osadía llega a cuestionar hasta el cómo y de qué manera utiliza la vajilla.

No cabe la menor duda de lo inapropiado de sus (mal) intencionados y velados reproches. En ellos se aprecian las esencias de la formación a la cual pertenece el personaje. No se puede conseguir expresar lo que uno siente de una forma más nítida de lo que lo hizo el sujeto podemita. Al menos en ese aspecto es coherente. El desprecio por la legalidad y por la legitimidad, el resentimiento, el odio, la venganza y la envidia son solo algunos de los atributos que parecen aflorar, comprimidos en las apenas cincuenta palabras de su mensaje envenenado. Si lo que pretendía el político de ascendencia argentina y acogido en España -cuyo ordenamiento constitucional tanto parece abominar- era dejar su carta de presentación, desde luego lo logró con creces.

No hace falta decir que cualquier ciudadano tiene el perfecto derecho a criticar las leyes -y también a las instituciones y representantes del Estado- y cómo no, a combatirlas en el Parlamento, que es el foro donde deben discutirse y aprobarse. Tampoco se puede negar que el derecho de opinión vigente en nuestro país faculta a todos a expresar opiniones en libertad, incluso, como es el caso, cuando los comentarios pueden llegar a ofender a la más alta autoridad del país. No es menos cierto, sin embargo, que cuando uno comete desafueros contra quien sea, debe estar preparado para sufrir otros similares en sus propias carnes. Ya lo dice el refrán: "quien a hierro mata, a hierro muere". Y eso es precisamente lo que le ocurrió a Pablo Echenique, si bien eso es algo a lo que no están nada acostumbrados los amigos de Podemos, al pretender que los demás tengan piel de elefante, mientras consideran que la suya es de lo más fino.

Cosme Aranguren Gallego, portavoz municipal de UPyD en el Ayuntamiento de Segovia, respondió al ofensivo tuit de Echenique con otro de iguales o parecidas características: "Hablando de fecundación... el que tú fueses el mejor espermatozoide de tu fecundación da mucho que pensar...".

La diferencia en el comportamiento del entorno de quienes pudieran haberse sentido agraviados no se hizo esperar y fue por cierto muy distinta. Mientras la Casa Real jamás entró al trapo y no hizo ni caso al desafortunado comentario, un representante de la formación morada sí tomó cartas en el asunto.

Daniel López Vela, líder de Podemos en Segovia, declaró que el comentario significaba "una falta de respeto inadmisible porque descalifica personalmente. Aranguren es un cargo público elegido por la ciudadanía de Segovia y como tal debe ser ejemplarizante, tanto si ejerces como concejal como cuando estás a título personal", pidiendo la dimisión inmediata del concejal.

A los representantes de Podemos, por lo que parece, "la falta de respeto inadmisible porque descalifica personalmente" solo es de recibo si se aplica a Pablo Echenique, pero no si el comentario se dirige directamente a la primera autoridad de España.

✳ ✳ ✳

El siguiente artículo, publicado en enero de 2016, aborda un tema candente como es el fiscal. En él se plantea la posibilidad de una reforma radical en la tributación, como es el denominado *flat tax*. Su implantación no es una novedad en determinados países con un éxito notable. En España, sin embargo, no pasa de ser una mera utopía de momento. Es una consecuencia de aceptar y seguir a rajatabla todo aquello que nos dicen que es lo políticamente correcto.

17. Flat tax

La ligereza con la que se utilizan los términos en España obedece a una tendencia a dar por buenos determinados conceptos erróneos que con el tiempo se convierten en algo así como dogmas de fe. Así, por ejemplo, muchos tienden a considerar que sólo se puede ser progresista desde postulados de izquierdas y que se puede ser conservador únicamente si se es de derechas. Nada más lejos de la realidad.

Recientemente Pablo Echenique lanzó un twitt en el que pedía literalmente "impuestos progresivos, sin tramos, con una tasa del 95% a los muy ricos y renta básica". Esta boutade ideológica, carente de todo sentido por confiscatoria, tenía sin embargo un trasfondo ciertamente razonable o cuando menos discutible.

Como tantas veces ocurre con Podemos, su dirigente estaba diagnosticando sibilinamente el problema real de las desigualdades, aunque la solución planteada resultaba absolutamente estrambótica. Aun sin saberlo, estaba apuntando, si descartamos lo absurdo de la tasa y acotamos la referencia a los ricos (sic), hacia una posible solución a uno de los problemas que más azotan España. Me estoy refiriendo a lo que en inglés se conoce como flat tax y en español podríamos definir como tarifa plana, sin tramos. Veamos.

Nadie en su sano juicio puede estar radicalmente en contra de una renta básica para los más desfavorecidos. El problema es cómo financiarla. ¿Podría ponerse en práctica suprimiendo los actuales tramos del IRPF? Por supuesto que sí y veremos porqué.

En contra de lo que tantas veces se nos ha repetido, establecer escalas para hacer que pague más quien más tiene sólo contribuye a desincentivar la producción, mientras que un tramo único sigue conservando la progresividad, no penaliza y además incentiva el valor añadido, favoreciendo con ello un mayor crecimiento económico. El sistema, además, permite únicamente deducciones personales y por número de dependientes, algo que ya contempla nuestro actual IRPF.

El flat tax propicia un aumento de la recaudación al establecerse unos mayores controles y por tanto se reduce drásticamente el nivel de fraude y la burocracia, simplificando los procesos recaudatorios.

No cabe duda de que implantar este procedimiento tributario en España supondría toda una revolución, pero también una solución para algunos de los problemas acuciantes que vivimos: permitiría establecer un salario mínimo más acorde con la realidad del país, una renta básica a la que tienen que aspirar los países desarrollados y un crecimiento económico más acorde con nuestras posibilidades.

Por último, hay que señalar que existen ya países en Europa con experiencias totalmente satisfactorias, aunque es poco probable que el flat tax se implante en España, al estar más interesados nuestros políticos en defender sus ideas fijas y sus prebendas en lugar de pensar en el conjunto de los ciudadanos.

Cuando el ejercicio de la política se convierte en algo vano y fútil es una prueba más que suficiente de que algo no funciona. No es que uno pretenda llegar a la conclusión, como hicieron otros, de que la política es el arte de hacer posible aquello que es imposible. Me conformo con menos, pero de ahí a aceptar que se convierta en tan solo algunos gestos… La virtud, también en política, también creo que está en el término medio.

18. Gestos y besugos

La reciente reunión entre Pedro Sánchez y Quim Torra me retrotrae a aquellos maravillosos Diálogos para besugos de Armando Matías Guiu, publicados por El DDT hasta su desaparición en 1986. Nada mejor que recordar la definición que hacía de su sección el genial humorista y escritor para darse cuenta del paralelismo: "Jugué con la palabra, apuré al máximo el sentido de cada vocablo, mezclándolo con otro de fonética similar con distinto significado para dar pie a nuevas imágenes. Compliqué las conversaciones para derivar de un tema a otro, liando conceptos, ideas, hasta lograr que de los dos dialogantes ninguno supiera quién había iniciado la trama de desatinos. Hubo juegos de palabras que me dieron pie para varios diálogos, hasta apurar al máximo sus significados".

La reunión de marras se limitó a una repetición de conceptos de imposible digestión por parte de ambos interlocutores. Significaba una respuesta a la estudiada política de gestos del presidente español, la única obsesión que le sirve para mantenerse en el puesto. Miren por donde, en este aspecto Pedro Sánchez se parece a Mariano Rajoy, otro fenómeno de la supervivencia a cualquier precio, aunque utilizando técnicas distintas. El ya ex del Partido Popular jamás actuaba, esperando que los problemas se resolvieran solos. El presidente actual tampoco lo hace, aunque su forma de entretener al personal pasa por sustituir las decisiones de calado por gestos y globos sonda.

El diálogo de sordos con Torra es el último guiño inútil a la ciudadanía, pero no el único en su todavía corta trayectoria presidencial. La forma y la sorpresa en la confección del gobierno fue su primera concesión de cara a la galería. Nombró a ministros con *pedigree* bastante para satisfacer a sectores sociales diversos, pero en ningún caso para arreglar los problemas de España, para lo cual 84 diputados no son ni mucho menos suficientes.

El a*gitprop*, el aparato de propaganda capitaneado por Iván Redondo, cuida de mantener entretenido al país, unas veces mediante publirreportajes gratuitos a bordo del avión presidencial, con gafas de sol incluidas, o haciendo *jogging* por los jardines de La Moncloa. ¿Y el consejo de ministros? Procura cubrir su propio expediente tomando decisiones sobre cuestiones tan trascendentales como la exhumación y traslado de los restos de Franco o el decreto ley para el nombramiento del Consejo de Administración de Radio Televisión Española, elementos indispensables para mantener la frágil mayoría en el Congreso de los Diputados.

La financiación autonómica, combatir el déficit, las sempiternas reformas estructurales siempre anunciadas y jamás realizadas, o la ansiada reforma constitucional siguen en el baúl de los recuerdos que no se pueden llevar a cabo sin unas elecciones que no interesan ni al PP ni al PSOE.

En cierta ocasión tuve una conversación informal con un antiguo ministro de Economía y Hacienda. Le pregunté si era posible llevar a cabo una reforma radical y en profundidad de la Administración, visto lo lenta, farragosa e ineficaz que resulta por lo general. La respuesta no se hizo esperar: Amigo -me dijo-, esa reforma es tan necesaria como imposible, hoy por hoy. Estaba en lo cierto.

19. Burocracia asfixiante

Quizás uno de los mayores impedimentos existentes para que España esté entre los países más modernos del mundo sea la inmensa telaraña burocrática que atenaza y ahoga a los españoles. Hace pocos días tuve conocimiento, a través de un amigo, de un ejemplo que describe a la perfección hasta dónde llega la presión asfixiante a los ciudadanos en asuntos cuya resolución debería requerir apenas unos minutos.

Algo en apariencia tan sencillo como renovar a través de internet la firma electrónica de una pyme por parte de un apoderado puede convertirse en algo casi imposible. Una tarea en principio sencilla de repente requiere enormes esfuerzos, gestiones y tareas inútiles, además de suponer un coste desproporcionado.

La operación en cuestión no se podía materializar a través de internet por tratarse de una segunda renovación. La Fábrica Nacional de Moneda y Timbre no lo permitía sin realizar antes una serie de trámites que en la práctica se convertirían casi en un tormento chino. Para solicitar la referida renovación era necesario, de la sociedad fuera reconocido de manera presencial ante la Agencia Tributaria. Y aquí empezaron los problemas.

En cualquier país serio una declaración firmada resultaría suficiente, pero no en España. En este caso no bastaba con identificarse con el DNI ante Hacienda. Tampoco valía aportar un poder general en vigor "tan amplio como en Derecho se requiera", suscrito ante notario e inscrito en el Registro. La Administración española, para un acto tan sencillo, exige de manera adicional una certificación oficial expedida por el Registro Mercantil, además de otro poder especial que faculte para representar a la sociedad ante la FNMT, citándola expresamente. Ah, y cuidado con los plazos, pues el documento emitido por el Registro tiene una validez de pocos días a contar desde el día que se solicita, no desde el día que se entrega. Es decir, varios días después. La cosa, como ven, resulta ciertamente delirante.

Cuando uno se encuentra con este tipo de dificultades es cuando resulta inevitable recordar que España es un país tremendamente garantista para los delincuentes y tal vez todo lo contrario cuando de lo que se trata es de garantizar los derechos de la ciudadanía en general. Ni la palabra de honor ni una declaración jurada sirven para que la Administración reconozca que lo que declara un ciudadano en uso de sus derechos es cierto. En este caso, ni siquiera un poder general notarial es suficiente para certificarlo.

La excusa de que con tales prácticas se intentan evitar posibles fraudes parece infantil. Más bien significa el reconocimiento tácito de la incapacidad del Estado para perseguir y castigar los delitos con el rigor y tiempo requeridos.

Después de más de cuarenta años de democracia en España, llegó el momento de hacer un pequeño balance de lo acontecido; del legado que dejamos quienes vivimos durante la época de dictador. Estos son, a grandes rasgos, los resultados

20. Algo hacemos mal

Quienes vivimos el tardofranquismo creímos que, muerto el dictador, seríamos capaces de emprender una nueva etapa de tránsito hacia una democracia moderna, sin odios ni revanchismos. Algo estaremos haciendo mal, porque, a la vista de la situación actual, siguen campando a sus anchas determinados tics que existieron entonces y perviven ahora desde otra orilla.

Aquello que no pudo lograr el poder y la propaganda franquista a través de las armas, lo están consiguiendo algunos, desarrollando sus más bajos instintos con el dinero de todos. Mientras tanto, los ciudadanos españoles que viven de su trabajo, aquellos que todavía creen en la cultura de la educación y el esfuerzo, observan atónitos como sus impuestos se siguen utilizando, cuarenta años después, para fines alejados del bien común.

La reciente detención de Eduardo Zaplana -el cuarto expresidente de la Comunidad de Valencia envuelto en escándalos- se une a otros no menos graves.

Aunque solo se diga con la boca pequeña, los casos de Jordi Pujol y Artur Mas en Cataluña, de Pedro Antonio Sánchez en Murcia, de Manuel Chaves y José Antonio Griñán en Andalucía, de Jaime Matas y María Antonia Munar en Baleares o de Ignacio González en Madrid, por citar solo algunos, son quizá la punta del iceberg que demuestra el fracaso estrepitoso de las Autonomías.

Lo peor de todo, sin embargo, no son los casos de corrupción. Lo malo es el caldo de cultivo que a través de ellos se conforma.

Los impuestos de los españoles no solo se han venido utilizando en provecho propio o partidista. También han servido para fomentar el odio y la confrontación, para adoctrinar, para separar, para alentar los populismos y, en definitiva, para consolidar postulados indefendibles dentro de una democracia seria y consolidada.

El espectáculo y los resultados que nos han ofrecido nuestros representantes tras cuatro décadas de democracia es ciertamente desolador. El interés común de los españoles ha sucumbido ante el provecho propio y partidista -expresado en pactos infumables-, reivindicaciones quiméricas y ambiciones desmedidas. El todo por la patria y el proyecto común han dado pasos agigantados hacia intereses y deseos vergonzosos.

Un ministro alemán dimitió de su cargo por copiar determinados párrafos de su tesis doctoral sin citar fuentes. Una ministra sueca dejó su cargo por adquirir unas chocolatinas con dinero público. Un ministro británico cesó por mentir sobre una multa de tráfico por velocidad excesiva. En España, ante la corrupción, nuestra clase política garantista y farisaica prefiere esperar a que la Justicia se pronuncie cinco o quizá diez años después, cuando el daño es ya irreparable. Entre tanto, jueces y fiscales se ponen de acuerdo para manifestarse ante la falta de medios materiales. Así es la política en España, ilusos.

✳ ✳ ✳

La política de gestos de cara a la galería es algo a lo que por desgracia nos hemos tenido que acostumbrar los ciudadanos españoles. Sin embargo, lo que ya no es tan aceptable y merece al menos una crítica severa es el hecho de contemplar despropósitos y absurdos que, además, están sufragados a través de nuestros impuestos.

21. En nombre del progreso

Si don Ramón del Valle-Inclán levantara la cabeza, sin duda incluiría dentro del género literario creado por él la última decisión del llamado pacto de progreso. No me negarán que intentar adoctrinar a los turistas supone una decisión entre esperpéntica y tragicómica. Es una más de las ocurrencias de un gobierno que se está significando más bien como un pacto de regreso al pasado más oscuro. La inutilidad de esta medida, si es que al final se lleva a cabo, roza el surrealismo más irracional. La cosa no tendría mayor importancia si no fuera porque el coste deberá ser sufragado por quienes pagamos nuestros impuestos y no solo por los vividores de la cosa pública. Quizá nadie les ilustró con la célebre frase "los experimentos, con gaseosa", atribuida a don Eugenio D'Ors i Rovira. Es más, dudo que sepan siquiera algo sobre el ilustre filósofo y escritor.

No hace falta tener un exceso de imaginación para aventurar el nulo interés de los turistas en conocer los detalles de una lengua que no les importa lo más mínimo. No la necesitan para nada, salvo que pretendan instalar su domicilio habitual en Andorra, aunque no es ésta la única razón que provoca su desinterés. Teniendo en cuenta que la estancia media del turista en Baleares alcanza únicamente ocho días, ya me dirán que posibilidades de interesarse por la lengua de Ramón Llull tendrían nuestros visitantes, en lugar de dedicar su estancia al objeto exclusivo de su viaje, que no es otro que hacer turismo. Y si su indiferencia es tan evidente ¿qué extraño input cerebral habrá influido para que nuestros próceres estén sopesando añadir otra chorrada a su irrenunciable cruzada catalanista?

La única razón que pudiera justificar tamaño dislate es destinar más impuestos a la catequesis de la Obra Cultural Balear y a toda esa caterva de inquisidores y apóstoles lingüísticos, cuya obsesión por el dinero público es su santo y seña como medio de vida. Estamos ante una nueva forma, entre subliminal y sibilina, de aplicar la turismofobia. En este caso se trata de una ayuda indirecta destinada a favorecer todavía más los bolsillos de una entidad privada, aunque sostenida con dinero público, al servicio de una demanda inexistente.

En nombre de las causas más nobles se han cometido los más horrendos delitos. En este caso, con la implementación de esta ocurrencia sin sentido, no se llega a tanto. Quizá se esté logrando el efecto contrario de lo que supuestamente se pretende: el rechazo frontal a todo aquello que huela a progreso y riqueza con la preservación de "lo nuestro" a costa de los demás seres humanos. En nombre del progreso, claro.

La denegación de extradición, por parte de España, del ciudadano suizo Hervé Falciani, solicitada por la Confederación Helvética, levantó bastante polvareda. Hubo quienes se mostraron a favor y otros en contra de la decisión, quizá por el hecho de que este señor había puesto en manos de la Hacienda Pública española una lista de presuntos evasores fiscales. En el artículo se hace un análisis sobre la actuación del ministerio español desde un punto de vista legal.

22. Hacienda y la lista Falciani

En los últimos días ha venido demonizándose la actuación del Ministerio de Hacienda con respecto a una supuesta amnistía fiscal aplicada a presuntos evasores fiscales incluidos en la ya famosa lista del banco HSBC, aportada por Falciani a las autoridades españolas. La realidad, por mucho que nos pese, es que en este caso no parece existir ningún tipo de amnistía, sino más bien una actuación un tanto farolera y pragmática por parte de la agencia tributaria, pero en todo caso legal. Muchos son los argumentos aportados en contra de la actuación de los responsables públicos, pero entiendo que ninguno de ellos tiene la más mínima consistencia jurídica y veremos porqué.

Determinados representantes políticos y periodistas se rasgan las vestiduras porque el ministerio accedió a pactar la entrega de la referida lista con "un delincuente", como definen al susodicho empleado infiel. Nada más lejos de la realidad legal, al menos en España. Que se sepa, denunciar la existencia de presuntos casos defraudatorios no es una figura delictiva que esté tipificada en el ordenamiento jurídico español. Es más, basta entrar en el portal de la Agencia Tributaria para poder comprobar que en él existe un enlace destinado precisamente a los particulares que deseen revelar sospechas sobre posibles fraudes fiscales ante Hacienda.

Puede que no resulte muy ético, pero la legislación permite las delaciones y si es así, por mucho que pueda pesar a algunos, un ciudadano que se dedique a denunciar a supuestos defraudadores, como hizo Falciani, en España no puede ser considerado un delincuente. Otra cosa muy diferente ocurre en Suiza, de ahí que las autoridades helvéticas solicitaran a las españolas la extradición del delator en cuestión, una reclamación que por pura lógica jamás fue concedida.

También se critica al ministerio el hecho de que "avisara" a determinados titulares de cuentas en lugar de denunciarlos ante la Justicia siendo cierto que ésta era una de sus posibilidades de actuación. Sin embargo, los responsables de hacienda no tomaron ese camino ¿Por qué? Estamos ante un caso similar al anterior, sólo que al revés. En Suiza no existe el delito fiscal y aquí sí, aunque para demostrarlo hace falta algo más que una denuncia. Entenderán que una lista entregada por un empleado infiel de entrada no parece tener suficiente recorrido como prueba de cargo. Algo que sí acreditaría la posible comisión de un delito fiscal sería que el banco, en este caso el HSBC, ratificara la autenticidad de las referidas listas. Esta circunstancia, sin embargo, resulta impensable para una entidad despechada, tratándose además de un asunto concerniente a una sucursal con sede en Suiza. El desenlace de una posible denuncia ante la Justicia se presentaba pues con pocas o nulas posibilidades de prosperar, por lo que desde mi punto de vista fue desechada acertadamente por Hacienda.

La solución que tomaron las autoridades españolas quizá no fue la más deseable, pero sí la más positiva para sus intereses recaudatorios. Hacienda remitió cartas a los posibles defraudadores indicándoles simplemente que conocía la existencia de su cuenta en Suiza. Obviamente la respuesta no se hizo esperar. Muchos de ellos regularizaron su situación con una declaración fuera de tiempo y con ello evitaban la posibilidad de verse en un banquillo por posible delito fiscal, independientemente de que la sentencia resultara favorable o no. Todos sabemos —y no cabe duda de que Hacienda también— que hay cosas que están por encima del dinero, sobre todo para aquellos que lo tienen en abundancia, como era el caso.

El resultado fue que con esta actuación con la que se puede estar o no de acuerdo, pero en todo caso ingeniosa, el fisco consiguió aflorar miles de millones de euros, aún a costa de renunciar a dos imposibles en la práctica: ganar una demanda sin aportar pruebas concluyentes y aplicar la sanción correspondiente, pues tras una declaración voluntaria realizada correctamente no caben otras actuaciones por parte del ministerio.

Muchas veces se critica la labor de los inspectores de hacienda, pero hay que reconocer que su labor a veces es muy difícil y complicada si, como en este caso, se topan con impedimentos legales que parecen hechos a medida de quienes están en disposición de defraudar.

Muchas veces aparece un cierto celo patriotero con motivo de nombramientos de cargos de relevancia. En este caso se trataba de la designación, en enero de 2012, de Isabel Borrego como Secretaria de Estado de Turismo. Nada más tomar posesión la Sra. Borrego, comenzaron las críticas por no tener fijada anteriormente su residencia en una región turística: más concretamente en Mallorca. Lo curioso es que nadie hablaba sobre su capacidad para el cargo, sino sobre su ascendencia, su arraigo y el lugar de su residencia. Tamaño disparate merecía un artículo.

23. Cuotas versus eficacia

Tras el reciente nombramiento de Isabel Borrego como nueva Secretaria de Estado de Turismo, inmediatamente se produjeron las primeras reacciones por parte de los representantes de los dos partidos hegemónicos. Si la designación puede parecer hasta cierto punto sorpresiva, las declaraciones posteriores son en cambio absolutamente previsibles. Porque ambas, desde mi punto de vista, son tan políticamente correctas como equivocadas.

El presidente José Ramón Bauzá se felicitó al ver atendidas sus peticiones al haber sido nombrada una persona de Baleares, mientras que Pablo Martín señalaba que para él el mejor candidato era justamente Miquel Ramis por idéntica circunstancia. El diputado socialista consideraba que quizá el político mallorquín encajaba mejor en sus esquemas, habida cuenta de que la Sra. Borrego vive en Pozuelo de Alarcón, en cuyo ayuntamiento ostenta el cargo de concejal. Los argumentos son pues parejos: ambos dan por hecho algo que no tiene demasiado sentido, como es la conveniencia de un cierto arraigo con el archipiélago por parte del cargo designado.

No es que yo esté en contra de que la política turística de Baleares esté en manos de un balear, pero no lo considero como algo esencial. Las ansias soberanistas de las autonomías, estableciendo como dogma la conveniencia de acercar las decisiones a oriundos o, como mínimo, a residentes con el pretexto aproximar las decisiones al arbitrio "de los nuestros" no se sostiene en pleno siglo XXI.

Lo importante es la capacidad y las políticas para desarrollar, no el origen o la residencia de los responsables. Un palmesano, mahonés o ibicenco no tiene por qué ser el más apropiado por el simple hecho de ser de aquí, ni siquiera por el hecho de una hipotética pertenencia al sector turístico. Es más; su no pertenencia incluso puede resultar positiva si la gestión es acertada, ya que la lejanía física, no la otra, en algún caso puede evitar compromisos y presiones poco deseables.

Por otra parte, las cuotas no suelen ser garantía de eficiencia, y no sólo en cuestiones de género, a pesar de que en política resultan a veces un elemento recurrente. Para nuestra desgracia abundan los casos en los que se premia con cargos a determinadas personas por aspectos que nada tienen que ver con su capacidad para el desarrollo de la función que les es encomendada y ya empieza a ser hora de que eso no sea así. Al ciudadano de a pie le encantaría que hubiera menos cuotas y más exigencia de responsabilidades en la gestión de los políticos, aunque por desgracia hoy por hoy esto es una utopía.

A la señora Borrego le deseo lo mejor para bien del turismo y de todos los habitantes de nuestras Islas… aunque haya elegido Pozuelo como residencia habitual.

*** * ***

Tal como señala el enunciado del siguiente artículo, en él se analizan las costumbres y los tics tanto de los conductores de determinado tipo de programas como de los tertulianos invitados.

24. Las tertulias políticas

Siempre pensé que no habría que valorar a las personas por lo que son o representan, sino por lo que hacen o dicen, aunque la realidad cotidiana se encarga en demostrarme que no suele ser así, especialmente en el mundo de la política. Las tertulias televisivas son un ejemplo constatable de ello. Las distintas cadenas se encargan de elegir a sus tertulianos e invitados en virtud de su sesgo ideológico en lugar de hacerlo en función de su capacidad de análisis o de su independencia de pensamiento. Buscan en definitiva la audiencia de sus potenciales afines ideológicos para regalarles los oídos con la repetición de los conceptos y consignas que ellos quieren transmitir.

No todos los intervinientes en tertulias de debate son de idéntica cuerda partidista. Para adoctrinar más y mejor a su audiencia, se invita de vez en cuando a algún personaje situado en las antípodas ideológicas de los demás participantes. El objetivo no es otro que intentar dejarlo en evidencia, ya que los temas de debate los elige el conductor del programa y ya se encargará él de incluir solo los asuntos y miserias que puedan perjudicar al invitado discordante, obviando cualquier información sobre temas que resulten espinosos para los intereses del objetivo que se persigue.

Si al contertulio acorralado -a quien pretenden utilizar cual mono de feria- se le ocurre argüir que sus adversarios políticos cojean del mismo pie con el objeto de defenderse de las críticas, la reacción coordinada del presentador -en connivencia con los demás tertulianos- no se hace esperar. Simplemente se le insta a que se ciña al tema tratado. Y si no lo hace, se le reprocha que utilice el recurrente "y tú, más". A falta de argumentos, se utiliza la mecánica, cuando no la descalificación del adversario, llegando incluso al insulto.

Lo peor del caso es que la fórmula funciona para conseguir el objetivo deseado, que no es otro que el adoctrinamiento del personal en favor de una u otra causa. Ante cualquier pregunta, resulta fácil adivinar la respuesta de unos y de otros en función de la militancia del preguntado.

A la hora de opinar sobre determinados hechos, poco importa que éstos sean o no reprobables. Según afecten negativamente a la ideología del interrogado o a la de sus adversarios dialécticos, los alegatos personales serán diametralmente opuestos. A nadie le importará demasiado defender para los suyos postulados que merecerían el más severo de los juicios si los protagonistas hubieran sido sus antagonistas ideológicos.

En las tertulias, por lo general, la propaganda política, expresada en cierto modo de forma subliminal, se impone hoy en día de manera rotunda sobre cualquier proyecto de debate serio e imparcial.

El bitcoin, y con él todas las demás criptomonedas, desde su aparición fue objeto de controversia. Existen dos opiniones opuestas sobre todo lo que las rodea, incluido su futuro. Lo que sí es cierto e incuestionable es que se ve permanentemente expuesta a fluctuaciones, volatilidades y especulaciones que merecen un artículo.

25. La burbuja del bitcoin

Quizá uno de los mayores enigmas planteados por la comunidad financiera internacional sea el del futuro del bitcoin. Este medio digital de intercambio está consiguiendo un éxito muy difícil de explicar, pese a las cautelas expresadas por prestigiosas entidades como Deutsche Bank y la Autoridad Europea de Valores y Mercados (ESMA), o incluso por la propia Reserva Federal de los Estados Unidos. En el fenómeno que supone esta esta criptomoneda se dan una serie de circunstancias que la hacen inmune a cualquier advertencia, pese a que concurren en ella incógnitas muy difíciles de desentrañar. Pese a no ofrecer el bitcoin ningún tipo de garantía jurídica al no estar respaldado por ningún gobierno, materia prima, activo financiero o banco, millones de especuladores se están lanzando a invertir, convirtiendo su uso en una enorme burbuja que nadie se atreve a pronosticar que vaya a estallar, aunque tampoco pueden asegurar lo contrario.

La apariencia es que esta auténtica fiebre inversora pudiera convertirse en una nueva versión del esquema Ponzi, o si lo prefieren, una estafa piramidal que, como todas, dura mientras cuenta con nuevas aportaciones y explota cuando deja de recibirlas. Lo cierto es, sin embargo, que sus defensores le auguran un futuro como lo que ya empieza a ser, un sistema universal de intercambio únicamente controlado por su creador, cuya identidad también se ignora, pues al autor solo se le conoce por el seudónimo de Satoshi Nakamoto.

Los defensores e inversores es este tipo de apunte contable -no me atrevo todavía a llamarlo moneda- esgrimen en defensa de su futuro que existen ya cajeros de bitcoins y muchísimas transacciones que se pagan a través de este medio. Es cierto; se realizan muchas operaciones de compraventa impecables, pero se sospecha que otras sirven, debido a la opacidad que permite el sistema, para el intercambio de todo tipo de operaciones prohibidas, como el blanqueo de dinero de origen criminal. No resulta por tanto descabellado asegurar que millones de inversores de buena fe estarían encubriendo -y financiando- delitos criminales aun sin saberlo. Este detalle, ya de por si justificaría que los gobiernos exigieran no sólo evitar la opacidad de las transacciones en bitcoins, sino averiguar quién o quiénes se ocultan bajo el manto de la nube de internet, si bien esto parece hoy imposible.

Lo único cierto es que estamos asistiendo a la mayor burbuja especulativa jamás vista en el mundo. Todavía hoy no parece inquietar a los expertos por su poco peso con relación al volumen del total sistema financiero mundial, pero nadie puede descartar a medio plazo que pueda llegar a convertirse en una seria amenaza para la economía mundial.

El siguiente artículo desmonta una serie de falacias, producto del fanatismo de quienes anteponen sus deseos a la Ley y se muestran insensibles ante las desgracias que sufre a su costa aquella tierra a la que dicen amar tanto.

26. La corrupción del poder

Las excusas esgrimidas por el nacionalismo para justificar actitudes y reivindicaciones absurdas han sido siempre de lo más variado.

Primero hablaron de supuestos hechos diferenciales. Incluso algunos llegaron a insinuar cierta supremacía genética por parte de los catalanes.

Más adelante justificaron sus ansias separatistas en un falso expolio a Cataluña por parte del gobierno español.

A continuación, prometieron convertir Cataluña en una nueva Arcadia feliz, un estado perfecto donde reinaría la concordia y la prosperidad, en donde todos los ciudadanos serían ricos.

Todo parecía estar preparado para alcanzar la perfección. Según Artur Mas, los bancos poco menos que harían cola para implantarse en Cataluña con el objeto de participar en la riqueza de su quimérica república. Siempre dentro de la Unión Europea, claro.

No resulta necesario decir a estas alturas que ninguno de los argumentos ha resultado real, salvo que sí existen algunos hechos diferenciales en Cataluña, como pueden ser, entre otros, el *fuet*, el *caganer*, las *seques amb butifarra* y quizá la *sardana*.

Todas las manifestaciones de los ayatolás independentistas se han vuelto en su contra. Se ha demostrado que ha sido la Generalitat la que ha dilapidado el dinero de los impuestos de todos los españoles en adoctrinamiento, agitación y propaganda.

La anunciada felicidad idílica de la ciudadanía ha devenido crispación y enfrentamiento.

Ha bastado tan solo un mes para que más de dos mil empresas -que suponen aproximadamente el 40% del PIB catalán- hayan abandonado sus sedes sociales y fiscales para establecerse en otros lugares de España.

Europa ha declarado por activa y por pasiva que no cabe otra pertenencia de Cataluña en el seno de la Unión si no es como parte integrante del Estado Español. Aun así, el huido Carles Puigdemont se ha permitido la desfachatez de organizar un mitin político presentándose como ilusorio presidente de una non nata república con las banderas catalana y europea como fondo.

Tengo que reconocer que no esperaba que los independentistas de ERC, del PDeCAT y de la CUP hicieran nada por España, pero ahora me pregunto qué han hecho por Cataluña, a la que tanto dicen amar, salvo destrozar su tejido productivo, dividir a la sociedad y provocar un enfrentamiento fratricida e inútil.

Recomponer las piezas de este puzle en el que se ha convertido Cataluña no será tarea fácil con una parte de la población insensible a los argumentos y sensibilizada por una serie de dogmas de fe inculcados por la peor de las doctrinas. Aquella que, basada en la irracionalidad, promete un falso e inexistente cielo, basado en el odio y el victimismo. Como dijo George Bernard Shaw, no es cierto que el poder corrompa, es que hay políticos que corrompen el poder.

Aunque pueda parecerlo a primera vista, el próximo artículo no es una crítica al régimen cubano. Es un relato sobre unos hechos concretos que pude constatar.

27. Cuando salí de Cuba

Durante el verano de 1999 visité Cayo Guillermo, en la provincia de Ciego de Ávila, República de Cuba. Estuve disfrutando de mis vacaciones en uno de tantos complejos hoteleros esparcidos a lo largo de los célebres cayos de la isla, situados lejos de las principales ciudades del país.

Hasta la llegada de hoteleros europeos, allí solo existían playas prácticamente desérticas, con una finísima arena y una vegetación exuberante. Los cubanos apenas visitaban aquellos parajes de ensueño, tal vez temerosos de tener que soportar innecesariamente las molestas picadas de los mosquitos que invadían –y todavía invaden– la zona.

Ahora casi todo es diferente: este maravilloso hábitat natural se encuentra invadido por multitud de *resorts* –así llaman los americanos a esos complejos del todo incluido–, miles de turistas que se asan bajo un sol de justicia y cocoteros que, a pesar de no ser especies típicas de la zona, tengo que admitir que se han adaptado perfectamente al entorno e incluso contribuyen a conformar la imagen del paisaje que espera un turista europeo en aquellas calurosas latitudes.

Desgraciadamente el pueblo cubano sigue sin aparecer por los cayos, sólo que en el presente no es el temor a los insectos el motivo de su ausencia. No va sencillamente porque el régimen no se lo permite: la modernidad y las comodidades quedan reservadas tan sólo para los extranjeros, porque aportan divisas al país –cuyo destino final nadie conoce– y para las camarillas de altos funcionarios aduladores que, por cuestiones obvias, revolotean inevitablemente alrededor de todo dictador.

Al resto de los cubanos sólo se les permite entrar en esos complejos para trabajar –por cuenta del Estado– a cambio de un salario de alrededor de diez dólares al mes. Sólo así se explica que los únicos "clientes" de nacionalidad cubana que visitaron el recinto del hotel durante el tiempo que permanecí allí fueran Raúl Castro y Javier Sotomayor, el atleta cubano descalificado por el CIO por presunto consumo de cocaína y elevado a los altares del régimen, simplemente porque todavía no ha intentado escapar de la isla.

En el plano personal, mi estancia no pudo resultar más gratificante. Encontré básicamente lo que buscaba: tranquilidad, relajación y sobre todo descanso. La comida resultó más que aceptable y el servicio nada tiene que envidiar a los de los mejores hoteles del mundo. Quienes hacen posible el mantenimiento de estos complejos se desviven por hacer lo más agradable posible la estancia de los turistas, y ciertamente lo consiguen. El cubano es por lo general culto, amable, servicial y sobre todo alegre. De ahí que casi todo el mundo coincida en que el pueblo cubano representa con mucho lo mejor de esta maravillosa isla que encanta a quienes la visitan.

Durante los días que permanecí allí, mi única conexión con el exterior consistió en ver algún que otro telediario de las nueve de la noche, a través de televisión española internacional, coincidiendo aproximadamente con la hora local de la siesta, por aquello de la diferencia horaria.

Afortunadamente para los turistas, los establecimientos hoteleros tienen autorización estatal para captar señales televisivas del exterior del país, pero no así los cubanos, quienes, a pesar de la prohibición y de la precariedad de sus recursos, sintonizan clandestinamente cuantos canales vía satélite existen.

Precisamente el último día de mi estancia en Cuba decidí ver las noticias desde España, tal vez para ponerme al día en cuanto a las últimas novedades acaecidas en nuestro país y también —por qué no decirlo— para empezar a prepararme ante la cruda vuelta tras unas vacaciones en las que la desconexión y la ruptura con el día a día habitual habían resultado un éxito rotundo.

Unos minutos antes de las nueve de la noche, hora española, puse en marcha el televisor y ante mi sorpresa, nada más aparecer la presentadora del telediario, se perdió totalmente la imagen. Llamé a recepción y, tras comprobar que el problema afectaba a todo el hotel, un encargado intentó vanamente, durante más de media hora, resintonizar TVE. Ante la imposibilidad de resolver semejante problema técnico, opté por sustituir las noticias por una confortable y reparadora siesta.

Un día después, ya de vuelta para España, pude entrarme a través de EL MUNDO que Niurka Montalvo, una joven atleta de origen cubano y nacionalidad española, había conseguido, en los mundiales de Sevilla que se estaban celebrando, la medalla de oro en la modalidad de salto de longitud. Sólo entonces conseguí entender la razón de los "problemas técnicos" para la recepción del telediario español: la imagen había sido cegada para toda Cuba. Por lo visto, el gobierno de Castro no había considerado oportuno que los cubanos pudieran alegrarse de los éxitos de Niurka simplemente porque ésta había cometido la osadía de casarse con un español y adquirir la nacionalidad de su marido, desoyendo las órdenes de las autoridades de su país de origen.

El nombre de Niurka no volvió a aparecer en la prensa cubana hasta hace escasos días: el gobierno cubano ha vuelto a acordarse de ella para intentar impedir que compita en los Juegos Olímpicos de Sídney. Dirán que lo hicieron en nombre de la libertad del pueblo, supongo.

✳ ✳ ✳

Resulta relativamente corriente que mucha gente repita de manera machacona las excelencias de los países más desarrollados. Quizá a quienes así lo hacen no les falte la razón. Ésta es uno de los motivos en los que se basa el artículo, tras el último debate de moción de censura que apartó a Mariano Rajoy de la presidencia del gobierno.

28. Aprendamos de nuestros vecinos

Si a estas alturas a alguien le quedaba alguna duda, con motivo del debate de la moción de censura, las cosas han quedado todavía más claras. Como no podía ser de otra forma, tenemos los políticos que nos merecemos. Es cierto que entre los oradores se pudieron apreciar algunas excepciones como Ana Oramas y Albert Rivera, quienes aportaron un punto de sensatez y frescura en sus planteamientos, incluso a la hora de ejercer sus críticas a sus adversarios. Ambos, sin embargo, hoy por hoy tienen el poder que les otorgaron los ciudadanos y éste no les alcanza para gobernar. Cierto es que sus votos sí sirven en algunos casos para elegir entre lo malo y lo peor al resultar decisivos sus apoyos, pero poco más.

Los franceses fueron más valientes -o más sensatos-, según se mire. En sus últimos comicios olvidaron los prejuicios, la rutina y el sectarismo al optar por apoyar masivamente a Emmanuel Macron. De poco o nada sirvieron las llamadas al populismo de Marine Le Pen, el historial como partido esgrimido por Benoît Hamon o las invitaciones a la insumisión por parte del antisistema Jean-Luc Mélenchon. Los galos, a diferencia de lo que ocurrió aquí en las últimas elecciones generales, no dudaron en apoyar mayoritariamente a un señor que se presentó incluso sin partido, pero que fue capaz no sólo de denunciar con firmeza la vieja política, sino también de aportar altas dosis de sentido común aportando propuestas alejadas de la demagogia.

No en todos, pero sí en muchos aspectos tenemos que aprender de nuestros vecinos. Ellos saben perfectamente que existen líneas que no se pueden traspasar y actúan en consecuencia. Por supuesto que con el poder que otorgan las urnas, es decir, la mayoría de los ciudadanos. Ahí radica la diferencia. Los problemas que existen allí son similares a los que tenemos nosotros, pero los resuelven con sensatez y firmeza porque se inmunizan con las urnas. La irrupción de Macron es un ejemplo de ello, pero no el único.

Sufrieron con la banda Iparretarrak como España soportó la ETA, pero con menos muertos. Los vascos franceses jamás tuvieron la oportunidad de alcanzar prebendas por parte del Estado y pese a ello el coste fue menor. Los casos de Córcega o de la Cataluña francesa son también ejemplos de distintas formas de afrontar los problemas dentro de la legalidad más estricta. Al presidente de la República, por ejemplo, no le tembló el pulso a la hora de suspender un partido de la selección francesa a causa de los pitidos a su bandera. Como tampoco le temblaría -no lo duden- si la llamada Cataluña norte se atreviera siquiera a proponer un referéndum de autodeterminación.

* * *

La ideología de género poco a poco está consiguiendo que muchas personas a quienes se les supone una formación sólida, caigan en la tentación de una utilización grosera del idioma castellano. Empezaron ciertos políticos y la mala costumbre se fue ampliando hasta que incluso algunos sesudos catedráticos caen en idéntico error. El peligro más grande es que la balsa de aceite siga extendiéndose hasta el punto de que la Real Academia de la Lengua tome la decisión de aceptar tales prácticas. Por fortuna esa barbaridad todavía parece lejos de materializarse. El artículo que viene a continuación pretende aclarar algunos conceptos sobre unas prácticas que no deberían producirse.

29. Ideología de género

Cuando se juntan la ignorancia y la ideología suele brotar el esperpento. Ocurre sobre todo en cuanto la realidad sucumbe ante algo que se define como políticamente correcto, aunque suponga una monumental incorrección.

Hace ya más de treinta años, Carmen Romero, la entonces esposa de Felipe González, abrió la caja de los truenos al hablar de "jóvenes y jóvenas". Aquella expresión, lejos de quedarse en una anécdota tan ingeniosa como incorrecta, fue refrendada años más tarde por Bibiana Aído, otra "intelectuala" de tomo y lomo, al referirse a determinados "miembros y miembras" sin pudor alguno ¿O quizá habría que decir pudora alguna?

Bromas aparte, lo cierto es que, a pesar de las reiteradas recomendaciones de la Real Academia Española de la Lengua, no es difícil encontrar incluso ilustres catedráticos que siguen sin enterarse de las advertencias y repiten expresiones que retumban en los oídos.

Lo que realmente determina el género gramatical es el conjunto de personas o cosas que tienen características generales comunes, aunque no es aplicable solamente según el sexo, por mucho que se empeñen quienes sostienen lo contrario. Dicen los entendidos que el género puede ser común, epiceno o ambiguo, sin que necesariamente tenga relación directa con la orientación sexual, pues existe una ingente cantidad de sustantivos masculinos o femeninos que se utilizan de una manera arbitraria.

El género común se distingue porque debe utilizarse de manera indistinta para referirse al sexo masculino y al femenino, sin que tenga nada que ver la terminación del mismo. Taxista, periodista, futbolista o telefonista son algunos ejemplos significativos que no admiten una terminación diferente, se trate o no de sexos distintos, aunque, visto lo visto, no les extrañe que algún día podamos llegar a escuchar de boca de algún político la expresión populares y populeras.

El género epiceno, igual que ocurre con el común, también admite una sola fórmula independiente del sexo, ya sea éste masculino o femenino. La concordancia, en ese caso, viene dictada por el género gramatical del sustantivo. Resulta obvio, aunque muchos se empeñen en lo contrario, que un joven puede ser una víctima o una estrella de cine, jamás un víctimo o un estrello, igual que una joven puede ser un personaje, pero nunca será una personaja jóvena.

Para designar determinadas cosas existe también el género ambiguo. Independientemente de la terminación del vocablo, éste se utiliza asimismo de manera indistinta, pues se aplica a objetos que pueden ser utilizados tanto en masculino como en femenino, debido a su carácter indeterminado. Ejemplos de género ambiguo son mar, apóstrofe, cava, lavavajillas y muchos más. Existen algunas excepciones para designar ciertos animales como el o la avestruz.

✳ ✳ ✳

La primera sentencia causante de la disolución de un partido político en España -Unió Mallorquina- por mor de la corrupción almacenada en su seno, merecía un artículo

30. Una sentencia ejemplar

El de ayer fue un día horrible y a la vez admirable. Horrendo para la banda de UM y por extensión para la clase política de las Islas. Fastuoso para la Justicia y para todos aquellos que todavía confiamos en ella. Quien tenga la paciencia de leer la demoledora sentencia 68/12 de la Audiencia Provincial entenderá –por si alguien todavía tenía dudas– las denuncias de este periódico revelando un expolio grosero e infumable por parte de unos políticos que, lejos de dedicarse a defender los derechos y el dinero de la ciudadanía, como era su obligación, se dedicaron, entre otras lindezas, a realizar negociaciones prohibidas; a malversar caudales públicos de forma continuada; a realizar fraudes a la Administración; a inducir al delito y a la prevaricación. Casi nada.

Mención aparte merece María Antonia Munar, pues con su actitud en el juicio, que a la postre de nada le serviría habida cuenta de lo abrumador de las pruebas, demostró de una vez por todas que todo cuanto había publicado El Mundo sobre ella era verdad y que, en todo caso, se había quedado corto. Quizá hemos tenido que esperar demasiado tiempo desde la comisión de las fechorías, pero por fin la delincuente ha recibido la respuesta a sus delitos.

Esta sentencia ejemplar, sin embargo, invita a la meditación y no sólo a los condenados. La clase política siempre nos insta a no generalizar, pero el fallo de hoy de hecho invalida tal pretensión. Definitivamente todos los políticos que ocuparon escaños en el Parlamento Balear durante las tres últimas legislaturas podrían haber sido, con sus silencios clamorosos, en cierto modo responsables de la retahíla de delitos juzgados. Sin sus decisiones –absolutamente todos los partidos tuvieron responsabilidades de gobierno– no hubieran podido cometerse los delitos perpetrados por UM, no lo olvidemos.

Tanto Antich como Matas dieron alas a un partido corrupto coaligándose con él a pesar de que los escasos votos obtenidos por el mismo no invitaban a ello precisamente. El escándalo mayúsculo protagonizado por quienes estaban dilapidando en provecho propio el dinero de los contribuyentes estaba en boca de todos, pero tuvo que ser una vez más El Mundo/El Día de Baleares el que denunciara los hechos ante unos gobiernos que hacían oídos sordos al desmadre, y perdonen la expresión. Todo por mantenerse en el poder a toda costa. Ahora, más que nunca, entiendo y comparto las recientes declaraciones de Francisco Martínez Espinosa –excelente Juez y todavía mejor persona– cuando pedía un mayor castigo para los corruptos.

La llamada tasa Tobin ha llegado a convertirse un asunto recurrente. Aparece y desaparece aproximadamente cada lustro, aunque nunca suele acabar aplicándose. El artículo, publicado en 2001, sigue vigente. No por su implantación, que todavía no se ha producido al editar este libro, sino porque aborda el tema del destino de los fondos recaudados en el hipotético caso de que ello ocurriera.

31. Remedio económico y solución política

Hace treinta años que el economista y premio Nobel americano James Tobin tuvo la idea de proponer la implantación de un canon -conocido como tasa Tobin en su honor- consistente en gravar las transacciones financieras internacionales con el doble objetivo de financiar el desarrollo de los países más desfavorecidos y frenar la especulación en cambios de divisas. Actualmente demandan la aplicación de esta medida -entre otros- los grupos antiglobalización, diversas ONG y partidos ecologistas, además del movimiento Attac (Asociación para la Tasación de las Transacciones financieras para la Ayuda a los Ciudadanos).

La idea, como puede verse, no es nueva, pero tampoco única, pues de hecho existen desde hace tiempo diversos planteamientos de parecidas características, cuya finalidad última sería la erradicación de la pobreza: desde la aplicación del 0.70% del PIB hasta la condonación de la deuda de los países del tercer mundo, pasando por diferentes combinaciones entre todas ellas. Sin embargo, la controvertida tasa del Sr. Tobin está tan de actualidad que diversos parlamentos y gobiernos de países occidentales han debatido ya sobre ella y recientemente Lionel Jospin reavivó el debate al realizar una propuesta para su implantación.

En principio, hay que decir que el coste que supondría un proyecto como el de la referida tasa no parece que pudiera plantear dificultades de tipo financiero a los países industrializados, pues sus economías están perfectamente capacitadas para asumirlo. Es más, pienso que esta contribución resultaría totalmente asequible e incluso rentable, como veremos, para las naciones pertenecientes al mundo desarrollado. La recaudación anual por dicho concepto se calcula que podría alcanzar una suma de alrededor de 200.000 millones de dólares al año, cantidad más que suficiente para eliminar la pobreza si tenemos en cuenta que existen estudios teóricos que evalúan entre 40 y 50.000 millones de dólares anuales la cantidad estimada como necesaria.

Por otra parte, las empresas de los países más prósperos se verían ampliamente recompensados ante un escenario que contemplara la hipotética desaparición de la pobreza. Para nadie es un secreto que el mundo desarrollado se distingue del resto fundamentalmente por la capacidad de consumo de sus habitantes.

Las dificultades de las grandes multinacionales para conseguir incrementar sus beneficios son cada día mayores, en la medida en que sus mercados tradicionales se encuentran en una madurez cercana a la saturación. Esta situación les deja escaso margen para el crecimiento, lo que les ocasiona un problema de difícil resolución. Sobre todo, si tenemos en cuenta que la economía de libre mercado se encuentra dentro de un marco que no admite una solución distinta a la que prima el crecimiento competitivo.

Uno de los mayores retos de las grandes corporaciones consiste precisamente en aprovechar las posibilidades de la llamada globalización para lograr la apertura de nuevos mercados, a pesar de los enormes costes de todo tipo que supone la adaptación a la nueva situación.

Los acuerdos previos imprescindibles para la puesta en marcha de la tasa Tobin a nivel internacional tampoco parece que a priori debieran suponer un obstáculo, dadas las ventajas de todo tipo, tanto para los habitantes del tercer mundo como, tal como vimos, para los propios países industrializados y sus empresas. Es más; aunque dichas ventajas fueran inexistentes, no cabe duda de que los países ricos tienen un deber e incluso una deuda moral hacia sus ex colonias.

La situación de pobreza del tercer mundo es un problema con el que nadie puede sentirse ajeno y aunque no sería justo descargar todas las culpas en un único sentido, tampoco lo sería si se eximiera de todo compromiso a los países industrializados.

Dispuestos a depurar responsabilidades, es innegable que el mundo desarrollado tiene una parte importante de culpabilidad -política, por supuesto- por no haber sido capaz de dotar de los conocimientos, recursos e infraestructuras necesarios a los países llamados del tercer mundo para conseguir un desarrollo mínimamente aceptable para ellos, tanto en sus aspectos sociales como económicos. Está claro que las grandes potencias en su día no supieron desarrollar eficazmente su papel como colonizadores. Como igualmente nítida es su responsabilidad ante una desastrosa política de descolonización que, a la vista está, resultó precipitada.

Una generosa contribución a través de cualquier ayuda, por tanto, siempre resultaría cuando menos procedente y más que justificada.

Pero desgraciadamente, y como consecuencia de lo apuntado anteriormente, habrá que convenir que las dificultades que hoy por hoy hacen inviable la implantación no ya de la tasa Tobin, sino de cualquier otro proyecto serio destinado a atajar de una vez por todas las desigualdades entre los individuos se encuentra quizás en las propias estructuras y deficiencias de los Estados beneficiarios.

Si bien nuestro planeta siempre ha sido excedentario en materias primas y alimentos, no es menos cierto que el reparto de ayudas sin más nunca resultó una solución válida. La idea de aplicar recursos a los países necesitados -como la implantación de la tasa Tobin -o la condonación de la deuda de los países llamados del tercer mundo- son ideas loables, pero de dudosa eficacia, dadas las dificultades que presenta conseguir una correcta distribución de las ayudas.

Desgraciadamente el tiempo se ha encargado en demostrar lo difícil -por no decir imposible- que resulta hacer llegar cualquier tipo de ayuda a sus destinatarios naturales. Aplicar recursos, en forma de alimentos o divisas, a países sin unas mínimas garantías de democracia y libertad, generalmente inmersos en una espiral de corrupción galopante, lejos de solucionar el problema, sin duda podría agravarlo.

La aceptación general del principio de no injerencia en cuestiones de soberanía dificulta enormemente las posibilidades de hacer llegar cualquier tipo de ayuda a sus últimos destinatarios, incluyendo las de carácter humanitario. A esta función se vienen dedicando desde hace años diferentes ONG con esfuerzos encomiables y resultados excelentes, pero a todas luces insuficientes. No siempre por falta de dinero, sino debido a las carencias de tipo democrático, cultural y estructural de los países donde desarrollan su labor.

La condonación de la deuda de Etiopía, Afganistán o Tailandia, por poner algunos ejemplos significativos, además de no solucionar el problema del hambre entre sus capas de población más desfavorecidas, serviría sin lugar a dudas para financiar la compra de armas por los señores de la guerra, reforzar el terrible régimen talibán o incrementar si cabe el cultivo y tráfico de drogas.

La implantación de la tasa Tobin, en definitiva, sólo cumpliría sus objetivos últimos si previamente se resolvieran los problemas políticos que realmente impiden la erradicación del hambre y el desarrollo. Sin el acuerdo unánime de los países occidentales para poner las cosas más difíciles a los gobernantes de países no democráticos, que se amparan en la soberanía para cometer y permitir desde la impunidad toda clase de actividades criminales, cualquier esfuerzo estaría condenado al fracaso.

La solución no pasa, pues, por combatir la globalización, sino por ampliar su actual campo de acción en otras materias diferentes a las actuales. Conseguir acuerdos internacionales para la homogeneización de las diferentes legislaciones nacionales en cuestiones fundamentales como:

1. combatir el tráfico de drogas y estupefacientes;
2. impedir el tráfico de armas;
3. perseguir el lavado de dinero de origen criminal con el levantamiento del secreto bancario, incluida la evasión de capitales por parte de dirigentes políticos;
4. dificultar las operaciones financieras y la entrada de capitales procedentes de paraísos fiscales;

5. revisar y modernizar los acuerdos internacionales vigentes en materia de derecho de asilo; y

6. establecer leyes y acuerdos a nivel internacional que impidan cualquier tipo de amparo para quienes estén involucrados en el desarrollo de las actividades relacionadas con los puntos anteriores.

✳ ✳ ✳

El siguiente artículo utiliza las teorías de un premio Nobel, aplicándolas al problema catalán del independentismo.

32. Thaler y la Generalidad

No pienso cometer una tremenda herejía, si me lo permiten. No estoy dispuesto a incurrir en el disparate que significa intentar destruir la teoría que ha proporcionado nada más y nada menos que el premio Nobel de Economía de 2017 a Richard H. Thaler, profesor de la eminente Universidad de Chicago, ahí es nada. No deseo que los dioses de la ciencia económica, pero sobre todo los gurús de la econometría y la psicología aplicada, me lo tengan que perdonar. Lo que sí haré, es analizar los efectos de dicha teoría puestos en manos de una Administración corrupta.

En el proceso catalán de desconexión es muy difícil encontrar actitudes racionales acertadas entre quienes están de acuerdo con él. Como defiende el profesor Thaler, el fácil acceso de los ciudadanos a la información a través de los medios de comunicación e internet no siempre sirve para que éstos tomen partido por la opción que más les conviene. Según su teoría, en la toma de decisiones influyen en los individuos otros factores como la ausencia de autocontrol, una racionalidad escasa y poco inteligente o una percepción un tanto singular de la justicia, tal como viene a señalar el jurado que concede el premio Nobel de Economía.

Los independentistas catalanes sin duda se apoyan, entre otras cosas, en la falsedad que supone lo que Thaler define como "property effect", otorgando mayor valor a un objeto cuando uno lo posee en propiedad. Esa teoría sostiene que el valor es idéntico, aunque en el caso catalán se da la paradoja -o la excepción- de que con la independencia el valor de Cataluña incluso resulta inferior, debido al efecto ocasionado por la diáspora masiva de empresas.

La investigación también aborda la toma de decisiones económicas en función del bienestar ajeno, ya sea considerando éste de una forma positiva o negativa. Obviamente, en el caso de los partidarios de la desconexión, el odio y el "Espanya ens roba" que les ha inoculado la Generalidad durante los últimos treinta años influyen en una visión negativa que les conduce a "comprar" la idea separatista.

Otro de los factores analizados por el profesor es el de la teoría bautizada en el mundo anglosajón como "nudge theory" o teoría de los empujones, que explica la capacidad de las Administraciones para influir en los administrados para decantarlos hacia el bienestar a largo plazo en lugar de que opten por decisiones menos interesantes de corte cortoplacista. Resulta evidente, también en este caso, que los efectos perversos de tantos años de proselitismo separatista han influido en parte de la población catalana, que se ha visto empujada, no hacia un futuro mejor, sino todo lo contrario: hacia el abismo a corto plazo.

✳ ✳ ✳

La entrega que viene a continuación aborda una discusión sobre tema lingüístico, mantenida por el autor y un médico en un plató de televisión sobre las modalidades insulares y sus dificultades a ser aceptadas por ciertos lingüistas, más partidarios de imponer el catalán hablado en Cataluña.

33. A vueltas con las lenguas comunes

Hace unos días participé en una tertulia en Canal 4 en la que se nos solicitó una opinión sobre nuestra lengua y más concretamente sobre la inmersión lingüística. Cuando me tocó el turno, dado que no soy un experto en la materia, expresé lo que me dictaba el sentido común. Que tanto nuestra lengua materna como el castellano desde mi punto deberían ser objeto de protección y que ni la inmersión ni la llamada normalización contribuían a ello. Entre otras cosas, porque mientras desarrollaban su labor, en tiempos del pacto en especial, se dedicaban a discriminar nuestra lengua considerando inadecuada cualquiera de las palabras utilizadas a través de nuestras modalidades, sustituyéndolas por sinónimos que paradójicamente nada tenían que ver con el nuestro hablar cotidiano. Como ejemplo, mencioné el verbo *enraonar*, tan utilizado en Cataluña. No es que esté en contra de él, pero me molesta que sistemática e invariablemente nuestros *ratllar* y *xerrar* fueran sustituidos en los escritos oficiales por dicha modalidad catalana.

Siempre he pensado que nadie en su sano juicio debería sentirse poseedor de la verdad absoluta. Invariablemente queda siempre un margen para la duda y obviamente mis convicciones transitan por este camino.

Creo que las opiniones deberían formularse con base en el razonamiento más que en la ideología, aunque comprendo que ésta condiciona muchas veces el pensamiento. Estaba por tanto dispuesto a rectificar si mis contertulios, con infinitos más conocimientos en materia lingüística que yo, eran capaces de convencerme a través de razonamientos coherentes. Ante mi sorpresa, no exenta de cierto estupor, dada la calidad intelectual de quien me respondió, un ilustre catedrático de la UIB, no obtuve otra respuesta que no fuera negar la mayor.

Según él, nunca los normalizadores tacharon de los escritos ni corrigieron tales expresiones, añadiendo que tan sólo nos separaban doce acepciones y que me retaba a encontrar más.

No tuve más remedio que expresar mis dudas sobre si existían doce vocablos propios de las Islas, yo creo que la evidencia nos demuestra que hay muchísimos más, pero que, aunque fuera uno sólo, con menos razón se justificaría su marginación. Y añadí que podía admitir a los filólogos, pero no a los ayatolás de la lengua catalana. Y ahí ardió Troya.

Después de una estéril por innecesaria defensa de catedráticos y lingüistas, quienes tienen reconocido "que saben" sobre cuestiones de lengua, vino a decir, o eso entendí, son los únicos capacitados para dictar cómo y de qué manera debemos expresarnos, igual que quien diagnostica es el médico, algo cierto. Sólo creo que se le olvidó un detalle. Según mi humilde criterio, a diferencia de lo que ocurre con los médicos, los filólogos no están para dogmatizar imponiendo recetas propias, sino que deben beber de las fuentes que les proporcionan las costumbres de la gente, salvo que estemos hablando de lenguas muertas, y no es el caso.

* * *

Los éxitos que se apuntan ciertos políticos de medio pelo ante noticias macroeconómicas que nada tienen que ver con su gestión es el objeto de comentario del siguiente artículo, publicado en junio de 2018

34. Menos lobos

Mario Draghi, presidente del Banco Central Europeo, anunció hace escasos días el principio del fin del Quantitative Easing, que no es otra cosa que la compra de deuda pública soberana para dotar de liquidez al sistema financiero europeo. Aprovechó también para comunicar el fin de ciclo de los tipos de interés en Europa. Al leer la noticia, para mí fue inevitable volver a pensar en el ridículo espantoso que se produce cada mes cuando diecisiete consejeros de economía de otras tantas Comunidades Autónomas se felicitan a si mismos porque ha bajado el desempleo. O cuando el presidente de nuestro gobierno central presume de haber conseguido embridar la economía patria para que crezca el PIB.

Quienes piensan en una política en minúsculas generalmente se empeñan en propagar sus incapacidades intentando hacer ver que en realidad son ellos los que propician el bienestar de las familias. De tanto mirarse al ombligo pierden la perspectiva y se olvidan de que son los responsables a lo sumo de una parcela de la microeconomía, esa que no comentan para disimular sus carencias o ineficacias.

Un consejero de economía suele influir sobre el empleo, pero más bien para ralentizarlo o incluso destruirlo, rara vez para aumentarlo. Por ejemplo, cuando su gobierno autonómico no es capaz de dotar a su región de la necesaria seguridad jurídica que haga viable la creación de ocupación por parte de la iniciativa privada.

El señor Draghi ha sido el principal responsable de la recuperación económica en toda Europa. Ha sido quien ha propiciado el viento de cola favorable, es decir, quien ha tomado las decisiones macro y ha marcado la política económica que tanto ayudó a la recuperación económica de los países de la zona euro. A los presidentes de gobierno les correspondió únicamente aplicar de forma correcta las bases de la recuperación. Igual ocurre con las Autonomías. Cuando ejercitan mal sus facultades -la confección y ejecución de los presupuestos-, pueden estar minimizando los efectos de las ayudas que reciben de la Unión, algo que suele ocurrir sobre todo en los países ribereños.

Lo que sí dominan las autoridades locales es el márquetin y la ambición desmedida. Para ello disponen de innumerables gabinetes de prensa que cuentan con más profesionales que la totalidad de las plantillas de los periódicos. Ellos se encargan de transmitir la falaz idea de que, a más autonomía, más prosperidad, ocultando que, sin una gestión eficaz, ello resulta imposible.

Las consecuencias, en algunos casos sin pretenderlo, son el anti-europeísmo y el independentismo, los dos grandes virus de la Unión Europea. Una torticera utilización de los recursos hace que pidamos ayudas para salir de las crisis que nosotros mismos provocamos con nuestra mala gestión, pero al mismo tiempo renegamos de quienes nos ayudan a salir de ellas. La solución a nuestras debilidades es más Europa. Así que, queridos micro políticos, menos lobos.

✳ ✳ ✳

El modelo americano, tan denostado por unos y tan alabado por los demás, es objeto de análisis en comparación con las otras dos grandes áreas del mundo desarrollado, Japón y Europa

35. El modelo americano

A pesar de la similitud de los tres modelos existentes dentro del mundo desarrollado, ni Europa ni Japón están en condiciones todavía, como no lo estuvieron nunca, de imponer sus respectivas costumbres y tradiciones a los demás países. Si en algún espejo se miran actualmente la mayor parte de los ciudadanos del mundo es en el tradicional modelo americano. Este estilo de vida tan peculiar ha ido implantándose lentamente en el resto del planeta a través de una colonización cultural tan pacífica como efectiva, basada casi siempre en unos argumentos a los que pocos se resisten: facilidad y agilidad por encima de los demás factores socio-culturales.

La sencillez y la practicidad son llevadas por los americanos hasta tales extremos que fuera de sus fronteras se les tiende a considerar infantiles y faltos de cultura. Como ejemplo ilustrativo del tópico sobre su supuesta falta de conocimientos generales se suele argumentar, no sin razón, que un americano medio es incapaz de ubicar España dentro de Europa, desconociendo incluso si se encuentra en el norte o en el sur del viejo continente. Siendo cierta la anterior aseveración, cabría preguntarse a continuación -en justa correspondencia- si el europeo medio sería igualmente capaz de situar sin apenas dificultad el estado de Nebraska dentro de un mapa de EE.UU., o de saber con qué países limita Hungría, por poner dos ejemplos.

Lo realmente incuestionable es, sin embargo, que, por ejemplo, durante los últimos cincuenta años el resto del mundo desarrollado ha visto con asombro e impotencia como la alta cocina perdía terreno ante la comida-basura (la célebre *fast food*), el tradicional kimono hacía lo propio ante los *jeans* tejanos o las canciones melódicas sucumbían estrepitosamente ante el ruidoso *rock and roll*. Son ejemplos tal vez simplistas, pero que a la vez definen un hecho incontestable. El estilo de vida americano -todo lo que representa el llamado *american dream*-, ha ido instalándose lenta, pero firmemente en los demás continentes, y será ciertamente difícil evitar su escalada en el futuro más próximo. Desde el antiamericanismo militante de los años sesenta (*yankee, go home*), se ha pasado a un pseudo fervor por todo lo que suene a americano, protagonizado por la mayoría de los jóvenes de nuestros días.

Un factor determinante en ese proceso colonizador es el dominio de la tecnología de las comunicaciones y del marketing, técnicas en las que los súbditos del Tío Sam siempre fueron muy por delante, tanto en cuestión de conocimientos como en la aplicación práctica de los mismos, si bien es cierto que de poco o nada hubiera servido el esfuerzo de los Estados Unidos en exportar su sistema si no hubiera contado con los medios adecuados para darlo a conocer.

Lo dicho anteriormente no pretende, ni mucho menos, dar o quitar importancia a la colonización cultural americana, sino simplemente constatar un hecho incuestionable y analizar sus causas. Como todas las demás culturas, la norteamericana tiene aspectos positivos y otros no tanto, pero entre los primeros hay algunos que permiten explicar el secreto de su capacidad de seducción, reconocida hoy por casi todos.

La modernidad de los Estados Unidos de América como nación -en comparación con las milenarias culturas de Europa y Japón- ha privado en parte a sus ciudadanos de una rica historia y tradición, pero también de los defectos heredados de antiguas civilizaciones. Nada se heredó en América, todo se hizo desde la nada, aunque sin renunciar, eso sí, a las experiencias positivas tomadas de las demás culturas. El resultado, independientemente de los gustos individuales, no ha podido resultar más positivo desde el punto de vista práctico. A continuación, veremos algunos ejemplos significativos.

En Europa, las ciudades se encuentran generalmente a lo largo de los ríos, y no por casualidad. Los asentamientos fueron tomando cuerpo a través de la historia como consecuencia de las necesidades de agua potable de sus ciudadanos, además de otras consideraciones importantes, como el aprovechamiento de las comunicaciones fluviales. Las ubicaciones de París, Londres, Roma o Viena, por citar algunas, no obedecen a la casualidad; son ciudades que probablemente no existirían, o carecerían de relevancia, de no ser por los ríos Sena, Támesis, Tíber y Danubio.

Los primeros colonos americanos, por contra, al tener resuelto el problema de abastecimiento de agua potable sin necesidad de buscar la cercanía de los ríos, crearon sus grandes áreas metropolitanas básicamente en función de sus necesidades de comunicación terrestre. Al contrario que en Europa, da la sensación de que las ciudades en EE. UU. se asentaron cerca de las carreteras principales y no al revés. Una de las primeras sensaciones que puede sentir el visitante europeo en América es la de encontrarse en un país hecho por y para el consumo. Y así es ciertamente. Las grandes aglomeraciones se encuentran a lo largo y ancho de una amplia red de comunicación terrestre que facilita sobremanera este consumo. Sus autopistas, todas ellas intercomunicadas, conforman los ejes alrededor de los cuales giran prácticamente todas las ciudades, desde las menos pobladas a las más populosas, y con ellas su comercio. Incluso en lo que a orientación se refiere, la red viaria resulta sencilla y práctica en América del Norte: todas las carreteras reciben una numeración en la que los impares equivalen al sentido norte/sur y los pares al este/oeste.

Otro de los aspectos a destacar en el sistema americano es la madurez de su estructura social, que descansa en dos pilares esenciales: su constitución y su ordenamiento jurídico. La impunidad, la burocracia, el favoritismo, el monopolismo o el corporativismo son combatidos por un sistema implacable que se transforma en tremendamente proteccionista cuando se trata de defender otros aspectos considerados fundamentales como la libertad de expresión, la competencia, la propiedad o la preservación de los derechos individuales y colectivos. La realidad social, lejos de lo que ocurre con frecuencia en Europa, se corresponde totalmente con la realidad oficial. El americano triunfador no suele presumir de familia o casta, sino todo lo contrario, gusta de alardear de haber conseguido su posición social empezando desde abajo.

Por último, queda tal vez la causa más determinante de la forma de entender la vida del norteamericano: la estructura de su propia sociedad le obliga a ser tremendamente competitivo y trabajador. Mientras el oriental toma el trabajo como un medio necesario de subsistencia y el europeo tiende a fijarse unos objetivos que pasan por conseguir una mejor calidad de vida, el sueño americano consiste en triunfar, en ser el mejor, No importa en qué disciplina u ocupación, pero le resulta necesario ser el mejor. Este sentido de la competitividad puede observarse ya entre los más jóvenes, a quienes no les incomoda compaginar estudios con trabajos escasamente remunerados, aunque sean hijos de personajes importantes o poderosos. En Europa, por el contrario, no está muy bien visto que el hijo de una familia bien trabaje en una gasolinera, por ejemplo, pero sí que dedique sus mejores años a preparar una oposición que le lleve a un cargo totalmente burocrático, alienante y falto de estímulos diferentes a los de tipo puramente económico.

* * *

El desencanto, junto con el desprestigio creciente de la clase política en general, se debe a muchas causas. Entre ellas, las que se apuntan a continuación. Cualquier atisbo de regeneración democrática pasa de manera inexorable por el comportamiento de unos partidos que priorizan sus intereses internos sobre los de la propia sociedad a la que dicen servir. Y así nos va.

36. Así nos va

La proclamada regeneración democrática sigue sin dar señales de vida. Es cierto que el sistema judicial avanza con condenas por corrupción -el caso Nóos es el último de los ejemplos-, pero siguen aflorando sin parar nuevos casos y no se vislumbra que vayan a reducirse. Si acaso, todo lo contrario. Los "casos aislados" con los que se nos obsequia por parte de nuestros políticos todos los días, siguen conformando un archipiélago cada vez más extenso y sobre todo muy difícil de digerir para una sociedad civil que no encuentra satisfacción en sus representantes y sí mucha desazón.

Hace treinta años, el periodista Santiago Miró ya profetizaba que estábamos pasando de una "digitadura" -término que no aparece en el diccionario de la RAE, pero cuyo significado todo el mundo conoce o cuando menos imagina- a una dedocracia, cuya definición sí aparece. No le faltaba razón a Santiago.

El Congreso y el Senado en teoría están para debatir y ofrecer soluciones a través de votos libres, aunque esta honorable función no se da en la práctica. No son los parlamentarios quienes tienen capacidad de decisión, sino los partidos que conformaron sus listas en función de la disposición de sus componentes para obedecer sin pestañear.

Ocurre, sin embargo, que de vez en cuando aparecen algunas personas honestas que osan votar en conciencia y son irremediablemente depuradas. Es el caso de Gari Durán, una senadora que mantuvo sus principios por encima de otras consideraciones y obviamente fue condenada al ostracismo por el aparato de su partido. Aun así, siguió luchando por intentar siquiera un debate interno en cuestiones para ella fundamentales, pero le resultó imposible. Hasta el punto de que se vio moralmente obligada a darse de baja como militante. A la sala de máquinas no le había bastado con el castigo de que no saliera más en la foto por haberse movido. No le dejó siquiera debatir sus argumentos a nivel interno, ni recibió explicaciones. Tal vez porque no las había.

Quienes conocemos a Gari podemos asegurar que con ella se puede discrepar, pero lo que no se podrá decir es que no sea siempre respetuosa con los argumentos de los demás, sin rehuir nunca el diálogo civilizado. De ahí que su renuncia no me ha sorprendido lo más mínimo. Su caso se viene repitiendo a diestra y siniestra para todas las voces que están en política y pretenden cambiar las cosas en lugar de que les cambien a ellos hacia posiciones irracionales y genuflexas.

Ramón Aguiló, Antonio Asunción, Pablo Castellano, Manuel Pizarro, María San Gil, Nicolás Redondo, Alberto Ruiz Gallardón y tantos otros, aunque por cuestiones e ideologías diferentes, son ejemplos de personas malogradas que en su día optaron por abandonar la política desencantados, incapaces de revertir una situación en sus partidos que por desgracia sigue enquistada. ¿Entienden por qué del desprestigio de los políticos? Yo sí.

✱ ✱ ✱

A continuación, se plantean dos entregas, publicadas en marzo de 2017, en las que se analizan las actitudes de ciertos servidores públicos a quienes, según reza el enunciado, les sobra poder… y les falta querer

37. Sobra poder y falta querer (uno)

El término radical por lo general se aplica a aquellas personas que se comportan de una manera intransigente, aunque dicho adjetivo lo que en realidad intenta es buscar la raíz de determinada situación. El vocablo, por tanto, puede ser interpretado como un sinónimo de intransigente, pero no en todos los casos. Existen por desgracia numerosos ejemplos en que la intransigencia es gratuita y busca cualquier cosa menos entrar en el fondo de determinados problemas. Hecha esta salvedad, me van a permitir que en lo referente a las reformas políticas me muestre como un absoluto radical a la hora de opinar sobre quizá uno de los mayores problemas que azotan a la ciudadanía en España.

Con la tolerancia, por otra parte, ocurre algo parecido. Es una virtud muy deseable en determinadas circunstancias, pero en otras resulta totalmente contraproducente, en especial en cuanto a la delincuencia se refiere. No hace falta decir que en este aspecto también me declaro intransigente, aunque con ciertos matices.

Igual que ocurre con la salud y las enfermedades. Es imposible erradicar estas últimas, pero sí minorar sus efectos con la medicina, y no me negarán que en tal caso es preferible la prevención sobre otras prácticas invasivas no deseables, aunque sí necesarias en último extremo.

Todo lo anterior viene a cuento porque, aunque tarde, (por fin) parece que se ha abierto la veda y la Justicia está aplicando el peso de la Ley ante algunos de los innumerables casos de corrupción que nos vienen azotando desde hace lustros. Me pregunto, sin embargo, si nuestros políticos no corruptos, al menos de momento, están a la altura de las circunstancias. La respuesta es ciertamente descorazonadora.

No sé por qué extraña razón, o sí, nuestros representantes públicos a lo más que llegan es a aplaudir la acción de la Justicia, y no en todos los casos. Al parecer, tienen el Gobierno, el Parlamento y el BOE para otros menesteres, pero no para adecuar las leyes necesarias que permitan prevenir al menos algunos de los miles de casos de nueva corrupción que sin duda aparecerán a raudales en el futuro. Su evidente falta de radicalidad (bien entendida) y firmeza al respecto son notorias. Felicitarse por la correcta acción de la Justicia es un consuelo de tontos -con perdón- que no debería dejar contento a nadie.

Rudolph Giuliani, alcalde de Nueva York desde 1994 a 2001, entendió el problema del Bronx y supo aplicar fórmulas que convirtieron el barrio más peligroso de la capital del mundo en un distrito con muy poca delincuencia. Fue, en definitiva, un radical, pero sobre todo un gran político que hoy es considerado como el mejor alcalde que jamás tuvo la gran manzana.

38. Sobra poder y falta querer (y dos)

Desde tiempos inmemoriales se identifica a España por su semejanza a la piel de un toro, aunque últimamente su imagen quizá se asimile más a la de un queso gruyere. Sobre todo, si tenemos en cuenta la enorme cantidad de asuntos investigados referentes a presuntos -y algunos ya no tan presuntos- casos de corrupción. Las operaciones Maquillaje, Marbella, Púnica, Gürtel, Palau, Cursos de formación y Cursach son algunos, no los únicos, que amenazan con emponzoñar y poner al descubierto un país en proceso de descomposición. No es mi intención la de prejuzgar dichos casos ni de cuestionar las sentencias ya dictadas, pero sí poner de manifiesto mi agradecimiento a Jueces como Mercedes Alaya, Juan Ignacio Lope Sola, Manuel Penalva, Santiago Torres, Eloy Velasco, el fallecido Antonio Pedreira, Josep María Pijuan, José Castro y tantos otros. Sin ellos no hubiera sido posible llegar siquiera a entrar en el fondo de tramas sobre las que pesaban claras sospechas de corrupción.

Por otra parte, son de lamentar muchas actuaciones de políticos que, ya sea por acción o por omisión, siguen empecinados en obstruir e impedir que la Justicia desarrolle las funciones que por Ley tiene encomendadas. A este respecto, es muy corriente que algunos de nuestros representantes se quejen amargamente de una pretendida judicialización de la política. Lo que no dicen, sin embargo, es que ello se debe en muchos casos a la implicación de significados miembros de sus propios partidos, sin que ni el poder ejecutivo ni el legislativo hagan nada por evitarlo.

Las promesas electorales referentes a la regeneración de la vida pública han sido sistemáticamente olvidadas durante los últimos cuarenta años justo en cuanto empezaban a andar las sucesivas legislaturas. Mientras tanto, la inmensa mayoría de las acusaciones de supuestas corruptelas, siguen apareciendo gracias, en primer lugar, a denuncias formuladas a través de los medios de comunicación.

Las formaciones políticas con implicados en casos de corrupción -casi todas- se limitan a entorpecer la acción de la Justicia a la vez que proclaman desconocimiento y demandan una innecesaria por evidente presunción de inocencia. Solo cuando las pruebas son abrumadoras en contra de los acusados o hay sentencia firme -y no siempre-

zanjan el asunto, reiterando que nadie en el partido tenía consciencia de los delitos cometidos. La responsabilidad in vigilando se demanda únicamente a los adversarios políticos. Nunca a los propios militantes.

La irrupción de dos nuevos partidos no ha supuesto todavía un cambio sustancial en el *statu quo*. Es más, puede suponer un nuevo elemento de preocupación si nos atenemos a la denuncia la Asociación de la Prensa de Madrid sobre el acoso de Podemos a periodistas.

Otro de los temas de recurrente discusión es el de la fiscalidad en el ámbito europeo. Se habla a veces de la necesidad de una armonización fiscal que tardaremos muchos años en ver. Incluso me atrevería a decir que muchos de hecho ya no la veremos. Mientras tanto, se producen disfunciones debido al diferente trato fiscal existente entre países, regiones e individuos. El tema siguiente aborda casos puntuales que deberían ser motivo de reflexión

39. Política y fiscalidad

En cuestiones tributarias, los políticos de todo signo suelen errar en sus diagnósticos, tal vez por una cuestión de demagogia o quizá por un profundo desconocimiento sobre una materia tan sensible al bolsillo de los ciudadanos como son los impuestos. Necesitados de aumentar los ingresos, debido a una voracidad recaudadora que parece no tener límite, nuestros representantes no tienen más ocurrencia que proponer aumentos que corren el peligro de producir efectos contrarios para la recaudación.

El ejemplo más recurrente lo tenemos en las Sicav, sociedades de inversión sujetas a una tributación del uno por ciento. Comprendo a primera vista puede resultar atractivo aumentar el gravamen de un instrumento con ventajas tributarias tan espectaculares, sobre todo si tenemos en cuenta de que dichas sociedades están solo al alcance de los más ricos. Los efectos, sin embargo, pueden ser letales de cara a conseguir unos mayores ingresos.

El mejor ejemplo lo tenemos en la Comunidad Foral de Navarra, que subió la presión fiscal de las Sicav y se quedó con una sola de ellas en todo su territorio foral.

Mientras este tipo de sociedades tributen en Luxemburgo a un exiguo 0.10 %, subirles los impuestos en España es una quimera cuya implantación resultaría muy cara para las arcas públicas.

Resulta lamentable que un asalariado pueda llegar a pagar al fisco casi un 50% de sus ingresos brutos, mientras que las grandes sociedades están sujetas a una presión muy inferior. Este fenómeno ocurre sin embargo no solo en España, sino en la práctica totalidad de los países desarrollados. Es el precio que tenemos que pagar quienes no podemos cambiar nuestra residencia con facilidad.

En todo el mundo, el resultado fiscal resulta siempre muy favorable para las grandes corporaciones, debido a la imposibilidad del legislador para impedir su movilidad. Tributan lo estrictamente necesario en su país de origen y el resto de su facturación la sitúan en el país o países que consideran más convenientes mediante estructuras societarias creadas *ad hoc*. Son los efectos del libre mercado y también, por qué no decirlo, de la falta de imaginación de algunos políticos.

Si el talento es sinónimo de capacidad de adaptación, las grandes empresas han actuado siempre con inteligencia. Justo la que también utilizaron, por ejemplo, países como Irlanda, Holanda o Luxemburgo, legislando con la idea fija de atraer empresas foráneas dispuestas a domiciliar sus sedes sociales en busca de un mejor trato fiscal, ya sea bajando el impuesto de sociedades o negociando directamente con ellas a través de lo que los anglosajones denominan *tax ruling*. Es la demostración de que España necesita adaptarse a la UE en cuanto a libre competencia no solo en lo referente a la circulación de personas, capitales y materias primas.

Cuando todavía no habíamos entrado en el siglo XXI fue publicado el artículo que viene a continuación. Hoy, cuando han transcurrido desde entonces más de veinte años, todo lo que se dice en él sigue vigente. El mérito no es del autor, obviamente. El hecho de que no haya perdido vigencia es una simple prueba inequívoca de que el Poder Judicial en España sigue anquilosado.

40. El Poder Judicial

Se supone que la diferencia más significativa entre el ser humano y el resto de las criaturas conocidas estriba en la capacidad de adaptación que permite a aquél la posibilidad de razonar, a diferencia de los reinos animal y vegetal, que se mueven por instintos o por medio de otras capacidades, no siempre del todo conocidas. Lo que sí parece evidente es que no se tiene constancia del uso del intelecto por parte de otras especies en la medida en que lo utiliza el hombre.

Pensar, imaginar, idear, hablar, escribir, conceptuar, poetizar, inventar o fantasear son algunas de las facultades que nos distinguen del resto de los seres vivos, sin que ello signifique en todas las circunstancias una ventaja cualitativa con respecto de los demás, pues en todo caso siempre dependerá del uso que hagamos de esas capacidades innatas. La verdadera diferencia, desde un punto de vista positivo, se da únicamente cuando el ser humano utiliza su inteligencia para discernir entre el bien y el mal, y a partir de ahí obra en consecuencia; es decir, éticamente.

Por el contrario, una utilización inapropiada del razonamiento por parte del hombre puede derivar en perjuicios sociales directamente proporcionales a la inconveniencia de la acción desarrollada. Un ejemplo recurrente puede ser el de una inadecuada explotación de los recursos naturales o la masacre indiscriminada de cualquier género animal o vegetal por parte de la especie humana, las cuales provocan un daño a la naturaleza siempre superior al ocasionado por el más pernicioso de los depredadores. Un animal en busca de su sustento es incapaz de vulnerar el llamado orden natural -en todo caso contribuye a conservarlo y perpetuarlo- a diferencia del hombre, para quien el alimento no coincide nunca con su objetivo último y definitivo.

Los seres vivos y las cosas no son en principio ni buenas ni malas, simplemente son. La capacidad para crear -y también para destruir- reside en el homo sapiens, quien, como tal, dispone igualmente de la potestad de elegir, ya sea en sentido positivo o negativo. Estamos ante la única libertad que el hombre tiene per se y que por tanto no puede adquirir, pero al que tampoco se le puede impedir: la libertad de pensamiento. Ocurre sin embargo que esta facultad conduce al individuo a actuar según su propio dictado. Y la línea divisoria entre lo conveniente y lo inconveniente -

la ética- es un rasgo a veces difuso sobre cuyo preciso trazado no existe casi nunca un consenso general.

Incluso una misma persona puede cambiar a menudo su forma de comportarse según las circunstancias -de hecho, así ocurre- tal como describió magistralmente Ortega y Gasset. Razones de clima, sexo, raza, cultura, religión, tradición e incluso geográficas o del momento influyen en la consideración de ciertas actitudes como éticas o no por parte de las diferentes tribus o sociedades.

En tanto en cuanto no exista un gobierno universal y democrático -la tendencia parece apuntar en este sentido, aunque quizá tengan que transcurrir muchos milenios para verlo, si es que al fin se consigue- significa una mera utopía pensar en una ética aceptada por todas las culturas del planeta.

Partiendo de la base de que las ideas representan un patrimonio inalienable para las personas, y que ellas son las que determinan actuaciones en sentido positivo o negativo, de ahí surge la necesidad de regular de las relaciones humanas a través de un ordenamiento jurídico adecuado, con el objeto de salvaguardar al individuo y a la propia sociedad de los quebrantos ocasionados por las actuaciones poco o nada éticas de sus congéneres. En este sentido, la mayor dificultad del legislador estriba en delimitar claramente lo permisible de lo que no lo es, con el objeto intentar evitar cualquier acto deliberado que pueda lesionar los derechos de los ciudadanos o de la propia sociedad. El poder judicial representa por tanto el mecanismo de defensa que teóricamente debe garantizar los derechos de los ciudadanos ante cualquier actitud contraria a sus legítimos intereses o a los del conjunto de la sociedad a la que pertenecen.

La Justicia tiene la obligación ineludible de delimitar de una forma clara y precisa los deberes del individuo con respecto de la colectividad en la que está inmerso, para evitar que los derechos de los demás se vean conculcados. De esta forma cobra carta de naturaleza la máxima de que "la libertad del individuo acaba justo donde empieza la de los demás".

Las leyes, además de poseer una tendencia inquebrantable que haga posible una permanente búsqueda de la justicia, tienen que intentar ser comprendidas y aceptadas por la propia sociedad de la que emanan. Para ello, es preciso que puedan contar con la capacidad y la legitimidad necesarias para sancionar adecuadamente cualquier falta o delito, utilizando el castigo sólo como último recurso. Sin embargo, de poco sirve tener capacidad y legitimidad si por quien tiene que aplicarla no existe una firme y permanente voluntad para desarrollar ambas de la forma más adecuada. Una correcta aplicación de la ley es tan importante como los criterios de justicia en los que aquélla debe ampararse.

La impunidad del delito resulta injusta para la sociedad puesto que la lesiona doblemente: desasiste a la parte perjudicada y puede ayudar a fomentar la reincidencia.

Puesto que conceptos como la injusticia y la delincuencia son en la práctica imposibles de erradicar por la propia naturaleza del ser humano, la sociedad tiene el derecho y el deber de arbitrar los mecanismos necesarios para luchar eficazmente contra la impunidad de cualquier comportamiento antisocial.

El caso más grave de impunidad se da cuando desde el mismo Estado se violan los derechos o intereses legítimos de sus propios ciudadanos. Las dictaduras de cualquier signo, cuya propia esencia es ya de por si antisocial, suponen un claro abuso de la fuerza que le otorgan los tres poderes tradicionales desde Montesquieu: ejecutivo, legislativo y judicial. A veces, sin embargo, no es absolutamente necesario que exista un régimen dictatorial para que pueda constatarse un mal uso de los poderes del Estado por quienes lo representan.

El mundo está repleto de ejemplos ilustrativos incluso en países de vieja tradición democrática. Las diferentes formas de quebrantar subrepticiamente los derechos del individuo desde el poder pueden darse por activa y por pasiva. En ocasiones se utiliza la arbitrariedad y la injusticia en la promulgación de leyes en Estados no democráticos, mientras que en otras ocurre por simple omisión -también a veces en Estados de Derecho- a través de una utilización tan consciente como deficiente de la legislación.

La prevaricación, la corrupción y el corporativismo son algunos ejemplos de actitudes lesivas para la comunidad ciudadana -y por tanto antisociales- que en demasiados casos no se persiguen adecuadamente, bien por olvido doloso del legislador, bien por simple ocultación en función de oscuros e inconfesables intereses.

Cualquier Estado de Derecho que se precie debería luchar por erradicar estas prácticas, aunque en determinados casos podemos observar, si no complacencia, si al menos cierta laxitud por parte de los responsables de los poderes encargados de combatirlas. Esto es grave para la sanidad de la sociedad a la que representan y a la que tienen la obligación inexcusable de defender contra cualquier injusticia.

El poder judicial necesita de una total y absoluta independencia para un eficaz desarrollo de sus funciones, pero a cambio les es exigible a quienes lo detentan la correspondiente responsabilidad de sus actos ante la sociedad. No se puede impartir justicia con medios y procedimientos anticuados o inútiles, pero tampoco debe hacerse a destiempo, desde la arrogancia o con actuaciones presididas por la desidia. Aun siendo cierta, tal vez con demasiada frecuencia se apela desde la judicatura a la consabida escasez de medios -siempre serán pocos, pues todo es susceptible de mejora en este aspecto- sin reparar apenas en otros problemas de más calado.

La falta de eficiencia y de eficacia, el absentismo y la lentitud son ejemplos ilustrativos de situaciones que desgraciadamente se producen con demasiada frecuencia. Tan preocupante puede resultar una sentencia condenatoria dictada cinco o seis años después de la comisión de determinados delitos, como el saber que un delincuente con múltiples reincidencias es puesto en libertad sin fianza tan sólo algunas horas después de ser detenido mientras cometía un flagrante delito.

Nuestro ordenamiento jurídico establece, como debe ser, que la carga de la prueba recae siempre en la acusación, pero desgraciadamente se suelen ignorar o simplemente no se tienen en consideración las evidencias si no se ven refrendadas por un documento escrito.

El formulismo se abre paso como en tantos casos en España. Los ejemplos son innumerables y variados y podrían resumirse en la máxima de que nadie existe si no existe un papel que lo acredite: lo que realmente se valora en la Administración, por ejemplo, no es rendir adecuadamente en el trabajo asignado, sino el puesto que se ocupa en propiedad (la evidencia de la eficacia se rinde ante el formulismo del título que teóricamente la acredita).

Existe la percepción en amplios sectores sociales de que la labor de los jueces en determinados casos no debería limitarse a una interpretación estricta de códigos y leyes a veces desfasados y que por su obsolescencia van muy por detrás de la dinámica de la propia sociedad. En este sentido, y amparándose en la legalidad vigente, se han llegado a dictar sentencias absolutorias porque, aun habiéndose probado la comisión de múltiples delitos de tráfico de influencias, al parecer éstos no estaban perfectamente tipificados en el código penal vigente. Ello provocó en su día un escándalo más o menos generalizado, pero aun así a nadie jamás se le ha pedido responsabilidades ni -tal vez al amparo de esta misma absurda legalidad- han sido revocadas las sentencias. Como no se las pidieron tampoco a quien se atrevió a juzgar por desacato -y hasta a condenar, tal vez porque resultaba cómodo y fácil- a un médico que simplemente tuvo la osadía de discrepar pública o privadamente de una sentencia.

Aunque no sea misión del poder judicial el ejercicio de labores reservadas al legislativo, a veces se echan en falta sentencias ejemplares -éstas sí son competencia única y exclusiva de los jueces- que sienten jurisprudencia y contribuyan con ello a un perfeccionamiento significativo del sistema judicial y consecuentemente, aumenten su prestigio.

Otro elemento de vital importancia para el poder judicial, y por tanto para el desarrollo de la justicia, es el contar con un procedimiento adecuado. La implantación del jurado es totalmente necesaria en determinados procesos, como lo es una reforma profunda de ciertos juzgados.

Cuando estamos prácticamente en el siglo XXI no parece el sistema más apropiado aquél que se sustenta en un procedimiento en el que el juez únicamente conoce tanto a los testigos como a las partes a través de sus declaraciones por escrito. Como tampoco lo es aquél en el que sentencias tardan años en dictarse y cuyo retraso en gran parte es imputable a la lentitud de los procedimientos burocráticos requeridos.

El propio fiscal general del Estado se ha manifestado públicamente sobre la necesidad de mejorar en este sentido, pero sus palabras no solucionarán el problema si no se acomete una reforma en profundidad del sistema actual, y esto no está en su mano. Lo que sí está en la mano del fiscal general del Estado es el hacer perseguir de oficio cualquier indicio de delito, por ejemplo, ante la publicación de una denuncia de corrupción. En tal caso, al juez encargado le cabrían únicamente dos soluciones: condenar al corrupto o sancionar por injurias al responsable de la denuncia por publicarla sin pruebas ni evidencias. Pero, ¿cuántas veces se dejan de perseguir tales prácticas? Y lo que es peor: si se persiguen, ¿cuántas veces el juicio acaba con sentencia condenatoria para alguna de las dos partes?

Para una sociedad sana resulta básico que el poder judicial, además de legitimidad, independencia y medios amplios, tenga también credibilidad. Y para lograrla es fundamental que la judicatura establezca una sintonía total con la sociedad: debe existir un mutuo respeto -que no temor- entre los ciudadanos y sus jueces, y ello se consigue a base de una dedicación eficaz y eficiente por parte de esos servidores públicos, pero también a través del respeto de las instituciones hacia el poder judicial. Desde este punto de vista, resulta lamentable que un alcalde se atreva a decir públicamente que "la Justicia en España es un cachondeo", o que un partido político rinda un homenaje a un militante poco después de haber sido condenado por falsificación de papeletas electorales y posteriormente lo designe como candidato a senador.

Por su parte, al poder judicial también le es exigible -sin menoscabo de su independencia- que arbitre las soluciones oportunas para aumentar significativamente los mecanismos de autocontrol y exigencia de responsabilidades entre sus miembros, con el objeto evitar en la medida de lo posible cualquier atisbo de corruptela, vicio o corporativismo.

El sistema judicial español necesita profundas reformas estructurales que requieren, en primer lugar, voluntad política para desarrollarlas, lo que quiere decir que el primer paso tiene que darlo necesariamente el Parlamento. Mientras tanto, existe en la sociedad española una percepción casi generalizada de que la justicia es lenta y anticuada, y que la impunidad ante ciertos delitos -los habitualmente llamados de guante blanco, sobre todo- se prodiga en demasía.

∗ ∗ ∗

Un apunte ante agresiones y actitudes antisociales y su correspondiente y necesaria penalización. No cabe el concepto libertad cuando se agrede a los demás, aunque dicha agresión no pueda catalogarse como física.

41. Cassandra y Valtonyc

Las sentencias condenatorias de Cassandra y Valtonyc han dado y sin duda darán mucho de qué hablar. Sobre ellas hay opiniones para todos los gustos. Van desde quienes se alegran, a quienes consideran que esos personajes no deberían haber sido condenados en nombre de la libertad de expresión, pasando por aquellos que, aun reconociendo lo grave de sus publicaciones, creen que las penas son desproporcionadas. Vaya por delante mi respeto para todas esas opiniones, el mismo que no parecen tener hacia otras personas e instituciones esos dos convictos por enaltecimiento del terrorismo. Se puede discutir si la figura es la más adecuada y si la pena puede resultar excesiva, pero no me cabe duda sobre la gravedad de los hechos.

Uno de los argumentos que más sorprenden para justificar las agresiones verbales de los condenados es la libertad de expresión, ligándola a la democracia, pero obviando que los votos y la libertad jamás pueden darse la mano para defender cualquier tipo de violencia de un individuo hacia quienes considera enemigos simplemente por cuestiones ideológicas.

El odio, el rencor y las fobias son factores que conducen a algunos por el camino fácil hacia el insulto, las amenazas, la vejación, la humillación, la injuria, la calumnia e incluso la agresión física. Esas actitudes resultan muy difíciles de erradicar desde los estamentos públicos, quienes sin embargo sí tienen la obligación ética de evitar en lo posible su desarrollo y castigarlas con proporcionalidad.

Quienes expresan su desacuerdo con la severidad de determinadas sentencias, con condenas de cárcel, por ejemplo, para Jesús Fernando Fernández, Juan Luis López García, Andrés Bódalo, Cassandra Vera, José Miguel Arenas Beltrán (Valtonyc), Diego Cañamero o Juan Manuel Sánchez Gordillo, contrastan con la opinión de quienes hubieran deseado también condenas duras para Guillermo Zapata y Rita Maestre.

Quizás a todos ellos pueda asistirles parte de razón, pero de lo que no me cabe la menor duda es que, dentro de un Estado de Derecho, quienes atentan de obra o de palabra -por cualquier circunstancia- contra colectivos o personas, merecen un castigo más o menos contundente. La libertad de ideología y de pensamiento jamás debería facultar a nadie para atentar contra la dignidad de los demás de forma gratuita.

Abrir la veda a la agresión partidista y al odio nada tienen que ver con el derecho a la crítica, que puede ser expresada incluso de forma mordaz, pero no injuriosa. Y no digamos si se sobrepasa la línea que separa la agresión verbal de las amenazas o el ataque físico.

La Justicia es sin duda una de las asignaturas pendientes por falta de un amplio consenso, por lo cual bien haría el Poder Legislativo en intentar conseguirlo, aunque a primera vista parece muy difícil alcanzarlo.

Los españoles tenemos un problema. Desde los tiempos de Franco siempre nos consideraron tan limitados que intentaron hacernos comulgar con ruedas de molino. Todavía hoy, como podremos comprobar a continuación, se nos intentan colar mentiras evidentes como si de verdades como puños se tratara. Decididamente, nos siguen tomando por tontos. O al menos lo intentan.

42. Sobre las capacidades del ciudadano

Quienes hemos tenido la oportunidad de vivir y conocer a fondo la dictadura de Franco seguramente nos acordamos de que, en el mejor de los casos, el ciudadano común era tratado como una persona incapaz de pensar por si misma y por tanto había que "guiar" sus pensamientos hacia aquello que entonces se consideraba políticamente correcto. De ahí que prácticamente todo lo que no era obligatorio estuviera prohibido. Así, el régimen empezó censurando a los medios de comunicación hasta que Fraga Iribarne, a la sazón ministro de Información y Turismo, derogó la ley para establecer otra mucho más sibilina, a través de la llamada censura previa.

El mensaje subliminal que se intentaba transmitir era que por fin se iba a reconocer que el ciudadano estaba en disposición de discernir entre el bien y el mal, pero nada más lejos de la realidad. Todo seguiría igual o peor, si cabe. El lápiz rojo del censor acababa de ser sustituido por otro, sólo que esta vez quienes implantaban la censura eran los propios editores, temerosos de las represalias en caso de publicar algo que las autoridades pudieran considerar inconveniente.

Tras la muerte del dictador Franco y sobre todo a raíz de la aprobación de la Constitución, por fortuna pudimos acceder a una libertad total de expresión. Éste es quizás uno de los pocos avances democráticos todavía no adulterado por nuestros representantes, aunque mucho me temo que, a la vista de los acontecimientos y a la putrefacción existente en la vida pública, bastantes políticos puede que sigan creyendo que la ciudadanía es corta de entendederas y fácilmente manipulable. O lo que es peor, a veces da la sensación de que algunos nos toman simplemente por tontos de capirote. Sólo así uno puede entender determinadas declaraciones y actuaciones. Parece como si la amnesia y el desconocimiento fueran consustanciales en ellos. Pobrecitos.

El señor Mas, en sede parlamentaria, nos quiso hacer creer que prácticamente jamás supo nada de cuentas en el extranjero y mucho menos acerca de los fondos del clan Pujol. Al menos admitió que el patriarca de la *famiglia* fue su mentor político. Menos mal que en esta última aseveración fue creíble.

La señora Susana Díaz, presidenta y candidata a la Junta de Andalucía, hace tiempo ya que se pone de perfil y sigue defendiendo la honorabilidad de sus dos anteriores predecesores. ¿Los escándalos de los ERE y de los cursos de formación? Debe pensar que hasta en las encuestas es válida la respuesta del no sabe, no contesta.

Don Mariano Rajoy, tan decidido a veces —sé fuerte, Luis— niega todo sin más. No hubo jamás pagos ilegales en el PP y por supuesto no se financió en B la sede de Génova, faltaría más. Sólo le falta decir que la corrupción anida en los demás, no en ellos, aunque ya lo hacen sus colaboradores tanto en tertulias como en el mismo Parlamento.

Los señores Iglesias, Monedero y Errejón, los últimos en llegar al circo —sinónimo de hemiciclo, no sean mal pensados— se presentaron como adalides de la pulcritud y la honradez, a la vez que presentaron a los demás como casta. Pocos telediarios faltaron para que aparecieran en prensa irregularidades académicas, fiscales y demás. Los tres consideran que ya han dado suficientes explicaciones (?), emplazando a quienes no estén de acuerdo a que acudan a los tribunales. Por lo visto no va con ellos —sólo con ellos— aquello de que los representantes públicos deben ser transparentes hasta el punto de responder ante el electorado.

* * *

El Partido Popular venció en los comicios de diciembre de 2011 con la más amplia mayoría absoluta, con Mariano Rajoy al frente. Es cierto, como éste se cansó de pregonar, que había recibido un país prácticamente en bancarrota. Pero no es menos cierto que España pudo salir de la crisis gracias a unos enormes vientos de cola procedentes de ayudas de la Unión Europea y otras circunstancias que le ayudaron a capear el temporal, consiguiendo unos crecimientos económicos que sacaron al país del atolladero, pero no a sus ciudadanos más desfavorecidos. Las bolsas de pobreza y las desigualdades sociales apenas se redujeron. En definitiva, que el crecimiento económico no siempre es sinónimo de bienestar social

43. El PIB y los desequilibrios

Lo habrá oído decir muchas veces, pero no haga caso. Se trata de una técnica goebbeliana, ya sabe. La cuestión consiste en asociar el crecimiento del PIB con la recuperación de nuestra economía para que el subconsciente del receptor interprete que vamos camino de alcanzar una excelente situación de bienestar social. Y eso es hacer trampas.

No hace falta ser muy ducho en macroeconomía para saber que la evolución al alza del producto interior bruto no tiene que ir necesariamente ligado a la prosperidad de un país. Para muestra, basta con observar el cuadro adjunto que pueden observar a continuación, donde aparece la relación de los países que más crecieron durante el decenio 2003-2013 según datos del Fondo Monetario Internacional. Con ello no pretendo insinuar que crecer económicamente no sea deseable, que lo es, pero cifrar todos los logros de un gobierno en una mejora de la economía, conseguida además a través de factores exógenos, me parece muy exagerado y sobre todo fuera de lugar.

El crecimiento económico no es más que la parte positiva que ofrece la fase alcista de un ciclo, igual que el decrecimiento se produce en la fase baja del mismo. Las consecuencias de ambos fenómenos, sin embargo, no producen los mismos efectos en función del grado de desarrollo que tenga un país.

En el caso concreto de España, será bueno recordar que al comienzo de la última crisis existía un cierto consenso sobre la necesidad de acometer las reformas estructurales necesarias para dotar a nuestra economía de mecanismos que posibilitaran en el futuro la corrección de sus principales desequilibrios. Apenas nada se hizo en este sentido y hoy estamos recogiendo las consecuencias. Siguen los desequilibrios a pesar del relativo crecimiento del PIB, si tenemos en cuenta que durante el período 2010-2014 España acumula un crecimiento negativo acumulado per cápita del -1.87%.

Es incuestionable que el producto interior español está actualmente inmerso en un proceso de crecimiento, ayudado por la debilidad del euro, el precio del crudo y los bajos tipos de interés, pero esta favorable situación coyuntural no resulta suficiente para corregir, por ejemplo, una tasa de paro inasumible y una exclusión social como nunca habíamos visto.

Mientras tanto, seguimos acumulando deuda en la medida en que no somos capaces de eliminar el déficit público. Tampoco se han solucionado los problemas derivados de una excesiva burocratización, un gasto público insostenible, una justicia inservible por su lentitud y una educación en sus horas más bajas, además de una reforma del mercado de trabajo a medio camino. Con semejante bagaje uno entiende el mensaje que consiste en aferrarse al crecimiento del PIB como único indicio de que las cosas se han hecho bien, pero no puede aceptarlo. El silogismo es falso.

En pleno período pre electoral, quien fue capaz de ilusionar a la ciudadanía, y por ello fue premiado con una abundante mayoría absoluta, pretende ahora vendernos la idea de que estamos en una situación económica cuasi idílica, pero para su desgracia —y la nuestra— seguimos igual que antes. O peor, si tenemos en cuenta el tiempo perdido, sólo que esta vez el crédito se le está agotando.

Veamos a continuación un gráfico donde aparecen los mayores crecimientos económicos en el mundo. Como puede verse, no son los países más desarrollados los que más crecen, lo que demuestra que un alto crecimiento económico no suele ser sinónimo de desarrollo social.

World's Ten Fastest-growing Economies : GDP Growth
Annual Average GDP Growth 2003-2013 (%) & 2014

2003-2013	%	2014F
Angola	10.3	6.3
China	10.2	7.3
Ethiopia	9.5	7.5
Myanmar	9.0	6.9
Chad	8.5	10.5
Cambodia	7.9	7.2
Uzbekistan	7.7	6.5
Rwanda	7.7	7.5
India	7.4	5.1
Mozambique	7.3	8.5

* * *

En *El silencio de los buitres* se denuncian una serie de problemas sistémicos que impiden deseables avances en lo social y provocan un anquilosamiento en provecho de sus beneficiarios, aquellos que da en definir como buitres.

44. El silencio de los buitres

La reciente defenestración del profesor Piña Homs en la práctica viene a significar la última vuelta de tuerca de un sistema que está convirtiendo el aire de nuestro país en irrespirable.

Uno tras otro, los personajes íntegros que intentan aportar cordura en la sociedad se ven desplazados de la escena pública en todos sus ámbitos, ya sean políticos, judiciales o, como en este último caso, docentes. La excusa esta vez ha sido, qué inmensa paradoja, un acto de valentía por parte del catedrático, pero hubiera podido ser cualquier otra. Las hemerotecas están a rebosar de casos de gente ejemplar que se ha visto relegada de sus funciones simplemente porque su honestidad saltaba a la vista.

Mientras tanto, el deterioro de los principios éticos que va impregnando nuestra sociedad tiene como respuesta el silencio de una ciudanía que se ve incapaz de reaccionar ante la clase política, la única y auténtica responsable de la situación. Tiene razón Agustín Pery cuando se queja de que nuestros ciudadanos se muestran un tanto impasibles ante los numerosos casos de corrupción que no encuentran respuesta adecuada ante la justicia, pero el nuestro no es un caso único. En España por desgracia se sufre una degradación similar, cuando no superior, con idéntica respuesta.

En tanto en cuantos las instituciones estén controladas en su gran mayoría por indocumentados, arribistas y trincones, no cabe esperar mucho de ellas. Cuando se nos engaña diciendo que la sociedad demanda más competencias, lo que en realidad se reclama son más presupuestos, más dinero para los oscuros objetos de sus deseos. O cuando se prioriza un adoctrinamiento lingüístico de más que dudosa constitucionalidad ante los problemas reales de la sociedad es únicamente para ocultarlos. Los administrados desgraciadamente poco importan. Mientras paguen sus impuestos, todo arreglado.

La crisis galopante que estamos sufriendo hace más evidentes los excesos cometidos y reafirma la podredumbre de nuestros representantes. Con muchos miles de familias en Baleares cruzando el umbral de la pobreza y el resto ajustando al máximo sus presupuestos, nuestras instituciones siguen contando con sus asesores de la nada, repartiendo subvenciones a quienes no las merecen y, en definitiva, dilapidando el dinero de los contribuyentes. Los más atrevidos aseguran que apretar el cinturón de los altos cargos significaría el chocolate del loro, olvidando que los políticos, entre otras cosas, están para dar ejemplo y no vergüenza ajena.

Ante un escenario como el actual no resulta extraño que los brotes verdes que no encuentra ZP, a pesar de decir lo contrario, sí puedan apreciarse nítidamente en recientes foros en los que se cuestiona la propia existencia de las autonomías, no tanto en el fondo como en las formas. O la inutilidad de las privatizaciones a nivel estatal. La reconversión de la siderurgia y las privatizaciones de la energía y de las comunicaciones perdieron su sentido cuando los beneficios obtenidos por las mismas se destinaron, entre otras cosas, a sobredimensionar la administración y a la creación de otras empresas públicas, esta vez por parte de las diecisiete autonomías.

Como decía Ramón Aguiló Obrador en su brillante artículo del pasado viernes, no merece el nombre de democracia un sistema que no posibilite votar a alguien honesto. Tiene toda la razón, porque las consecuencias pueden ser devastadoras: de ahí se puede pasar, y de hecho se pasa, a un control férreo del poder judicial y de las instituciones a través de listas cerradas donde sólo cabe la sumisión más deleznable. Este sometimiento permite conformar una particular partitocracia que en la práctica se revela como un sistema que, lejos de resolver los problemas de fondo del país, practica algo más perverso que el silencio de los corderos: el silencio de los buitres.

$$* * *$$

Emulando el célebre discurso de Martin Luther King, se elabora un discurso apócrifo sobre unas disculpas y un propósito de enmienda que jamás se produjeron. El artículo fue publicado a mediados de 2013, pero por desgracia aun hoy sigue plenamente vigente, pues no se ha producido todavía ningún atisbo de disculpa o reacción a los problemas que se denuncian.

45. Con permiso de D. Martin Luther King

Ayer tuve el sueño de un gran pacto entre los dos grandes partidos mayoritarios en el congreso de los diputados. Ambos convocaron una sesión solemne con objeto de disolver las cámaras después de leer un comunicado conjunto. Decía más o menos así:

Los dos partidos representados en esta cámara con mayoría de votos, los únicos que hemos tenido responsabilidades de gobierno desde la transición, con la excepción de la extinta UCD, queremos solicitar humildemente perdón al pueblo español por los siguientes hechos constatables, de los cuales nos sentimos plenamente responsables.

No hemos sido capaces de vertebrar un sistema político que permita una deseable convivencia entre todos los españoles. Es más; hemos antepuesto nuestros intereses particulares a los generales y nos hemos dejado extorsionar por teóricos representantes de falsos nacionalismos, concediéndoles un dinero y un poder que jamás merecieron. Todo a cambio de votos y apoyos efímeros, algo que ha provocado una fractura entre los españoles de solución harto difícil en estos momentos.

Ni juntos ni por separado hemos siquiera intentado solucionar los problemas reales de España a pesar de haber gozado a través de los años de poderes legislativo y ejecutivo suficientes para acometer tal desempeño. Reconocemos que nuestros respectivos intereses partidistas siempre primaron sobre el interés común de la ciudadanía. Nuestro gran error consistió en acaparar poder —y presupuesto— a cualquier precio, olvidándonos del mandato de los ciudadanos en general y de nuestros electores en particular.

Además, fuimos incompetentes. Lejos de emprender las reformas que España y Europa demandaban, nos dedicamos a dilapidar los recursos de los españoles y las ayudas que generosamente nos otorgaron nuestros socios europeos. Las inversiones realizadas siempre supusieron un fracaso espectacular al no haberlas enfocado hacia la productividad y sí hacia una política de gasto inasumible. Nuestra responsabilidad sobre el control del dinero público jamás existió. Como consecuencia de ello, nos sentimos directamente responsables de que España haya sufrido la mayor crisis de su historia moderna, no sólo en lo económico, sino también en lo social y por supuesto en lo político.

Especialmente grave fue nuestra incapacidad por conseguir una administración eficiente. Provocamos crecimientos clientelares exponenciales y sistemáticos en empresas y organismos públicos sin mejorar lo más mínimo la calidad en el servicio a la ciudadanía. Con nuestra actuación, lejos de resolver el problema de la modernización de la función pública, se produjo un deterioro considerable en los servicios, derivado de la falta de ilusión por parte de unos servidores públicos de carrera que observaban atónitos como su escala de valores tradicionales –méritos, conocimientos, eficiencia…– era sustituida por la mera militancia política.

El inmovilismo siempre presidió nuestras acciones de gobierno, jamás nos pusimos de acuerdo para acometer las reformas necesarias, llegando a tal extremo que todavía hoy no hemos sido capaces de consensuar la prevista ley de huelga a pesar de ser una necesidad imperiosa reconocida por todos.

En lugar de incentivar la productividad, utilizamos de forma habitual el BOE para convertir España en un paraíso del subsidio. Confundimos, de manera tan deliberada como reiterada supuestos derechos con privilegios sin sentido, empezando por los que nos concedimos a nosotros mismos, que no son pocos y la ciudadanía conoce sobradamente.

Anunciamos en innumerables ocasiones una prescindible ley de transparencia sin reparar en que lo necesario para España no era una nueva ley, sino una decidida vocación por ejercitar la transparencia. Mientras los países de nuestro entorno publican de oficio por Internet todos los gastos públicos, nosotros nos limitamos –y no todos– a publicar nuestra declaración del IRPF, como si el hecho de tributar significara un salvoconducto de honradez.

No fuimos capaces tampoco de asumir que los políticos debemos estar preparados para someternos de forma permanente al control de los ciudadanos a través de organismos independientes que en España no existen. El Tribunal de Cuentas, el Poder Judicial, el Gobernador del Banco de España o el Defensor del Pueblo son algunos ejemplos de cargos y organismos que, hoy por hoy, no gozan de la independencia necesaria ante nosotros, los políticos. Y nada hicimos por evitarlo.

Los casos de presunta corrupción se extienden hoy como una mancha de aceite, y los responsables políticos –nosotros– sólo fuimos capaces de reaccionar con una respuesta pueril: no todos los políticos somos corruptos. Tampoco en eso supimos ser originales, pues ya se sabe que *"excusatio non petita, acusatio manifiesta"*. Debemos reconocer que estamos avergonzados al tener que admitir que ni una sola de las denuncias de corrupción que ha llegado a los juzgados tuvo su origen en nosotros; todas llegaron a través de la prensa o de la policía.

Es cierto que, una vez destapados los casos de corrupción, a veces nos sumamos a las denuncias, pero sólo cuando afectaban a nuestros adversarios políticos, jamás cuando afectaban a nuestros respectivos militantes. Incluso, en algunos casos, hicimos lo posible para que algunos casos no prosperaran. Nos alegramos cuando, probado el delito, comprobamos que éste había prescrito y, para mayor vergüenza, no nos tembló la mano para aplicar indultos injustificados e injustificables en los pocos casos de sentencias desfavorables para los intereses de militantes de nuestras formaciones.

Por todo lo anterior, hemos decidido proponer la disolución de las Cámaras y la correspondiente convocatoria de elecciones, que deberán celebrarse a la mayor brevedad. Todos aquellos políticos que en algún momento hayamos tenido responsabilidades de gobierno —presidentes, ministros, subsecretarios y secretarios de Estado— renunciamos a presentarnos vistos nuestros reiterados fracasos y atendiendo a nuestras evidentes responsabilidades.

Por último, queremos dejar constancia de nuestro deseo de que los nuevos representantes públicos no reincidan en nuestros errores y a la mayor brevedad acometan las reformas que nosotros ni fuimos capaces de emprender, ni nos asiste ahora autoridad moral para liderar:

- Reforma en profundidad de la Ley Electoral y de la Constitución.
- Lucha firme contra la corrupción aplicando la tolerancia cero y aumentando la transparencia a todos los niveles de la administración.
- Promover la separación efectiva de poderes
- Creación de mecanismos de control real y efectivo para la exigencia de responsabilidad política.

En 2018 se publicó una entrega que parece una continuación del anterior. Las denuncias que en ella se describen bien hubieran podido realizarse cinco años antes, o también hoy. La conclusión nos lleva a concluir que tenemos libertad de expresión, pero poco más. Denunciar los males del país es tanto como predicar en el desierto.

46. Todo sigue igual

Que la corrupción es uno de los asuntos más preocupantes que vivimos en la actualidad en España ya nadie lo duda. Para que así ocurra, se encargan de ello los partidos tradicionales, dotados de una putrefacción interna prácticamente sistémica. La imagen que dan resulta ciertamente esperpéntica, pero ni se inmutan por ello. Hasta el punto de que a veces da la impresión de que todos los ladrones estuvieran metidos en política, aunque no sea del todo cierto. Existen también determinados organismos de ámbito privado, pero de gestión colectiva, como es el caso de la Sociedad General de Autores y Editores (SGAE), que tampoco se libran de las sospechas. O los responsables de grandes empresas que, conocedoras de que sus delitos han prescrito, no dudan el declarar en sede judicial que pagaron sobornos de todo tipo a cambio de contratos de obra pública.

Resulta corriente que muchos profesionales de la política nos recuerden a menudo que no todos los militantes son corruptos, faltaría más.

Sin embargo, en cuanto se les pregunta por determinado caso concreto no se les ocurre otra respuesta que no pase por escudarse en la corrupción de los demás adversarios. Prometen, eso sí, una regeneración que nunca llega.

Esta semana ha sido un tanto especial. Los juicios de la Gürtel y del Palau de la Música, además de la comparecencia de Rodrigo Rato en el Congreso, han dado mucho de si. Hemos podido comprobar, una vez más, la cara de pedernal que lucen muchos responsables de formaciones políticas sobre las que pesan graves acusaciones.

A pesar de las abrumadoras pruebas en su contra, los mandamases del Partido Popular siguen esgrimiendo que todavía no hay sentencia firme, que los hechos obedecen a casos aislados y que los responsables ya no están en el partido. Con los representantes del PDeCAT, la cosa quizás es peor. Estiman que con la desaparición forzada de su antecesora CiU se han extinguido todas sus responsabilidades y por tanto, pelillos a la mar.

En 1997 se cerró el asunto de Filesa y hoy, veinte años más tarde, está a punto de concluir el juicio de Gürtel. Distintos actores, pero igual repertorio, sin que nada se haga por intentar erradicar la financiación ilegal a cambio de favores políticos. En junio de 2015 se disolvió CiU, agobiada por la corrupción, pero sus herederos del PDeCAT siguen ocupando las sedes que en su día le fueron embargadas. Para mayor vergüenza, incluso en un País Vasco libre de corrupción, ésta ha empezado a asomar con el Caso De Miguel.

La triste conclusión es que todo sigue igual. No se aprecian en ningún caso actos de contrición y los propósitos de enmienda son un mero formalismo

En marzo de 1998 apareció en las páginas de El Mundo un artículo en el que se puede observar lo certeros que resultan los análisis de los economistas una vez que han sucedido determinados hechos, en contraposición a lo erráticos que suelen ser a la hora de pronosticar lo que sucederá en el futuro.

47. La Bolsa y la vida

Lo ocurrido con la bolsa desde que se inició el año viene a refrendar algo que muchos ya sabían: un buen economista suele ser tan eficaz en encontrar explicaciones coherentes a la evolución de los mercados financieros como errático a la hora de predecir el desarrollo más inminente de los mismos. Un buen ejemplo de ello es que cuando los analistas financieros más optimistas vaticinaron, a finales del 97, incrementos en la Bolsa española en ningún caso superiores al 12 % para todo el año actual, la realidad se ensaña con los expertos al constatar que cuando todavía no hemos llegado al final del primer trimestre, las ganancias acumuladas más que duplican aquellos optimistas vaticinios.

Las teorías chartistas -estimaciones a futuro basadas en gráficos elaborados sobre cotizaciones y negociaciones registradas en el pasado- suelen orientar al inversor más sobre lo que en buena teoría debería ocurrir que en lo que realmente sucederá en el mercado. La lógica, como en tantas otras situaciones, queda aparcada en favor de una realidad que en general no es muy dada a refrendar predicciones apriorísticas, sobre todo cuando aluden a la inmediatez.

Valgan estas palabras, pues, como respuesta anticipada a todo aquel lector que pretenda encontrar la solución a la pregunta que se hacen -nos hacemos- en estos momentos casi todos los españoles: ¿seguirá subiendo la bolsa en los próximos meses como lo ha venido haciendo últimamente? Sin embargo, no me resisto a intentar analizar, aunque sea someramente, las causas que han propiciado semejante euforia inversora y a aportar un poco de luz sobre lo que en buena lógica debería ocurrir en el medio y largo plazo.

En primer lugar, partamos de la base que las ganancias de la Bolsa española en los últimos dos años, en los que dobló prácticamente el valor de sus índices, están en plena consonancia con una serie de factores muy favorables para España y difícilmente repetibles:

1. Los esfuerzos realizados en materia económica y en política presupuestaria como condición necesaria para poder acceder al euro junto con los países llamados de la primera velocidad;

2. El buen comportamiento de las empresas españolas ante la apertura de mercados, la desaparición de los antiguos monopolios y el consiguiente aumento de la competitividad;

3. El efecto globalizador, derivado básicamente de los avances experimentados en

todo el mundo en materia de tecnología y comunicaciones.

La coincidencia en el tiempo de toda esta serie de circunstancias favorables ha propiciado un escenario que ha permitido que el país se encuentre actualmente en una fase de su ciclo económico realmente dulce. Estabilidad cambiaria, una tasa de inflación aceptable, un entorno de tipos de interés en mínimos históricos -con margen todavía para futuras bajadas-, déficit público contenido, el ahorro privado en continuo aumento y, en definitiva, unas previsiones de crecimiento económico más que aceptables justifican lo dicho anteriormente. Todo ello, unido a una enorme estabilidad y bonanza económica en todo el mundo, son básicamente las razones que propiciaron una euforia en el mercado de valores que no parece tener fin.

Por otra parte, resulta importante señalar que, a diferencia de lo ocurrido en otras épocas, la entrada de capitales extranjeros no fue, durante los últimos años, el factor más determinante de la tendencia alcista de la Bolsa, sino más bien al contrario. Tanto en el 96 como el año pasado, el saldo de inversiones extranjeras en la Bolsa española disminuyó, como consecuencia de la retirada de beneficios. Por contra, y como no podía ser de otro modo, el entorno de tipos de interés -y el consiguiente trasvase de depósitos al mercado de valores-, junto al aumento de la capacidad de ahorro familiar de los españoles hizo posible que se haya pasado, en apenas dos años, de una contratación diaria de alrededor de 30.000 millones a los más de 200.000 millones actuales.

Las consecuencias que cabe deducir de todo lo dicho anteriormente, de cara al medio o largo plazo, son las siguientes: a pesar de las necesarias volatilidades y correcciones -que las habrá, y fuertes- la tendencia de la Bolsa parece que seguirá siendo alcista, salvo que aparezcan síntomas que puedan cambiar esta orientación. Un aumento significativo de la demanda como preludio de dificultades para la contención de la inflación, una cierta desaceleración en el ritmo de crecimiento de la economía, problemas similares en países situados en el área de influencia de la UEM o sucesos internacionales imprevisibles -atención a Rusia, o la salud del Sr. Yeltsin- podrían ser las primeras señales de alarma.

* * *

El siguiente artículo fue publicado el día 15 de mayo de 2015. Como indica su título, se trata de un decálogo ficticio con un matiz de humor algo que, si no es cierto, mucho se aproxima a la más cruda realidad. Describe en tono imperativo un manual sobre todo cuanto tiene que hacer un corrupto para conseguir sus objetivos

48. Decálogo apócrifo (o no)

Inscriba en el registro correspondiente unas siglas, pero sobre todo procure incrustar en ellas algo que tenga que ver con lo *nostro*, posteriormente le resultará sumamente útil para los fines que persigue. Ya sabe que últimamente todo lo que suene a nacionalismo vende, independientemente de que la política a desarrollar poco o nada tenga que ver con los fines perseguidos.

Preséntese a todos los comicios que se convoquen con unas listas compuestas por familiares o amigos de confianza a quienes previamente hará firmar una carta por la cual se comprometen a seguir fielmente las directrices y órdenes que les sean marcadas sin titubear. El documento no sirve para nada, pero intimida. A cambio, prométales prebendas de todo tipo; la ambición hará el resto.

Por si acaso, no olvide ponerse a Ud. como cabeza de lista. Nadie se lo discutirá, pero si alguien se atreve, recuérdele la carta que ya firmó con una frase igual o perecida a "empezamos mal, pero tú sabrás". Será más que suficiente.

Tampoco necesita programa, al fin y a la postre no necesita ganar, porque le aseguro que con bagaje tan liviano jamás triunfará en unas elecciones, pero no se preocupe, algunos votos obtendrá. Con una campaña bien montada y un poco de suerte puede incluso alcanzar algún representante. Ésta es la clave.

El siguiente paso consiste en conseguir que su formación se haga imprescindible para la gobernabilidad y ello no es difícil. Ya sabe que nuestro sistema electoral no contempla segundas vueltas. No pacte con quien le plazca, que podría hacerlo, pero no le conviene. Negocie y pacte con quien más poder le ofrezca y antes de entregarle la llave de la gobernabilidad hágale firmar un documento donde queden claras las prebendas que recibirá a cambio. Este documento, que no debe hacer público, le servirá para asegurar sus privilegios ¿El bien de los ciudadanos? ¡Déjese de tonterías!

Una vez conseguidos sus propósitos, fáciles hasta el momento, utilice el cargo público para aprovechar de lleno en las ventajas que le da el poder. Sobre todo, olvide todo tipo de principios, no sirven para lograr sus objetivos. El fin, para Ud., siempre justifica los medios.

El nepotismo, los concursos a medida y los estudios pagados con cargo a los contribuyentes, por ejemplo, le serán de gran utilidad, pero además le servirán para aumentar la plantilla de sus acólitos. Ya sabe que el mundo está repleto de estómagos agradecidos.

Por el contrario, jamás permita concesiones de ningún tipo a quienes no son de los suyos, ni siquiera a quienes le sostienen en su parcela de poder.

Llegamos al momento crucial. Hay que consolidar la posición de fuerza y para ello búsquese aliados dentro de la sociedad civil que puedan ayudarle. Algunos medios de comunicación con pocos escrúpulos pueden ser una de las soluciones. Otórgueles contratos publicitarios —de las instituciones que controla, no de sus empresas— a cambio de campañas de "prestigio" y sobre todo muchas fotos. No hace falta hacer pactos de no agresión, jamás le criticarán. Al revés, atacarán a quienes osen denunciar sus prácticas.

Si alguno de los suyos se desmanda, analice antes la situación. Si se atreve a romper la disciplina, échelo y preséntese como una víctima: es un tránsfuga impresentable. Si los desmanes favorecen a la causa, prémielo o mire hacia otro lado, pero sobre todo convénzalo para que no dimita.

Utilice sabiamente a la justicia. Judicialice las actuaciones políticas cuando le convenga, pero si son los demás quienes lo hacen, denúncielo ante las instituciones y a través de los medios: no tienen derecho a hacerlo.

Finánciese —Ud. y los suyos— como tenga por conveniente, pero nunca con su aval de por medio. Su patrimonio está para agrandarlo, no para correr riesgos. La línea divisoria entre lo público y lo privado es muy difusa y las prácticas espurias tienen una difícil, muy difícil demostración.

Si al final de una legislatura ha logrado sobrevivir y al hacer balance observa que su patrimonio particular —el de su partido también es suyo— ha crecido considerablemente es señal inequívoca de que va por buen camino. Funciona.

Reinicie el proceso, que igual ¿la suerte? le sigue favoreciendo.

* * *

El mal endémico de la corrupción es el objeto de las siguientes reflexiones, publicadas en junio de 2017. Por cierto, hoy Álvaro Gijón ya no ocupa cargos relevantes, pero sigue siendo presunto en el momento de escribir estas líneas, en 2019. Sobre él pesan cargos sobre los que no se ha dictado sentencia todavía. Así va la justicia

49. Un mal endémico

Tras los últimos avatares de Álvaro Gijón, investigado en los casos Policía Municipal, Cursach y ORA, habrá que repetir aquello de que hay que respetar la presunción de inocencia e incluso se puede aceptar la perogrullada de que no todos los políticos son iguales, pero no cabe la menor duda de que la proliferación de imputados y condenados en toda España -y en Baleares en particular- merecen cuando menos una reflexión.

Hace años, con motivo del procesamiento de otro concejal de Palma, el delincuente Rodrigo de Santos, la entonces alcaldesa Catalina Cirer tomó la decisión de retirar las tarjetas de crédito con cargo al Ayuntamiento a todos sus regidores. La medida no podía ser más acertada, a la vez que denotaba la catadura que merecía, incluso a su primera edil, el conjunto de sus munícipes.

Existen en circulación miles de tarjetas de crédito para gastos de representación en empresas privadas sin que se prodiguen los casos de malversación, algo que por lo visto no debía ser extrapolable al conjunto de los concejales palmesanos. Fue ésta quizás una llamada de atención a la vez que un reconocimiento tácito de un problema que por desgracia hoy, muchos años después, sigue enquistado y se ha convertido en un mal endémico de nuestra llamada clase política.

La ratio de delincuentes e imputados que presenta Baleares con referencia al total de nuestros representantes en los últimos años es para ponerse a temblar. Nos cabe el dudoso honor de contar con delincuentes y presuntos que ocuparon las más altas responsabilidades y alguno de ellos, como es el caso del presunto Gijón, siguen ocupándolas. Aun siendo cierto que no se debe generalizar -faltaría más-, habrá que reconocer sin embargo que en el historial de nuestras Instituciones ya no puede hablarse de situaciones ocasionales y excepcionales al tratar los casos de corrupción habidos.

Para conseguir un puesto de trabajo en el mundo laboral privado se solicita a los aspirantes una serie de exigencias donde la eficiencia, la responsabilidad, la experiencia y el historial profesional tienen una importancia capital. En política ninguno de esos requisitos parece tener el más mínimo relieve. Para ocupar un cargo público o verse incluido en listas electorales prima, por encima de otras consideraciones, el sometimiento lanar a las consignas recibidas de la cúpula de los partidos. A lo más que se llega es a aportar algún título, designándolo eufemísticamente como un mérito en ningún caso demostrado.

Se supone que la noble función del político es la de aportar sus conocimientos y experiencia como culminación de una exitosa carrera profesional, pero por desgracia ello no ocurre. Basta con observar el historial profesional de la mayoría de nuestros representantes, si es que existe.

Ante la evidencia de que la información es poder, no está de más analizar someramente la innegable influencia de los medios de comunicación en la sociedad.

50. La dictadura de los medios

Desde la aparición de la imprenta, o quizá mucho antes, el poder ha estado en manos de quien fue capaz de influir de una manera más eficaz sobre la opinión pública e incluso hoy estamos asistiendo a una revolución informativa cada vez más incontrolable. De ahí que resulte aconsejable -e incluso necesario- no tomarse demasiado en serio algunas de las informaciones con las que nos bombardean a diario algunos medios de comunicación y en especial mucho de lo que aparece en las redes sociales.

Cada vez es más difícil separar la paja del trigo, distinguir entre lo que es la veracidad de una información y una noticia falsa. Y no digamos cuando entramos en el juego de las medias verdades y la consiguiente manipulación. Algo ayuda tener en cuenta que "el medio es el mensaje", como definió magistralmente Herbert Marshall McLuhan, si bien no resulta suficiente para discernir entre lo veraz y lo falso.

Desde siempre, el individuo tuvo una marcada propensión a creer en todo aquello que convenía a sus tendencias y convicciones. Tal predisposición siempre le condujo a rechazar de plano o, como mínimo, poner en cuarentena las informaciones que, por cualquier razón, a priori no consideraba favorables. Existen medios de comunicación -los más serios- en los que, al menos en teoría, sus redactores están sujetos a estrictas normas a través de sus propios libros de estilo. Aunque esos reglamentos se incumplen con frecuencia, algo es algo, ya que en la práctica la imparcialidad es una utopía.

En el otro extremo encontramos la llamada prensa amarilla. Por otra parte, encontramos aquellos medios que, sin serlo, se pliegan de una forma casi incondicional a la tendencia que le señalan los intereses de sus editores. Éstos últimos son quizá y a pesar de todo, los que ejercen una presión menos grosera hacia sus lectores u oyentes. Al menos no pretenden engañar a nadie, sino regalar a diario a sus seguidores las opiniones que éstos quieren escuchar.

Las redes sociales tienen otra dimensión en lo que respecta tanto a su alcance y difusión como también a sus contenidos. Facebook y Twitter -por citar las dos redes sociales más importantes- son lo más parecido a una especie de selva informativa donde todo vale con el fin de influir en la opinión de millones de personas predispuestas a aceptar aquello que quieren oír en favor de sus intereses particulares. Combinan las noticias verídicas con las falsas a través de internautas que, a falta de argumentos sólidos, apoyan sus opiniones con mentiras e inexactitudes. Es lo más parecido a una selva donde se combinan desde informaciones veraces hasta manipulaciones y falsedades, pasando por los caprichos de los llamados *"influencers"*.

En abril de 2016, cuando se publicó el artículo, con un Podemos eufórico a tenor de sus resultados electorales, un Pablo Iglesias que amenazaba con *sorpasos* y con "con asaltar los cielos" y con unos representantes casi recién estrenados, ocurrió lo que tenía que ocurrir. Algunos de sus correligionarios empezaron a enseñar la patita, pero sobre todo a decepcionar a sus propios votantes. Todo lo ocurrido desde entonces, así como los resultados cosechados posteriormente por el partido morado ahí están. Parece como si su conocido lema se hubiera convertido en *así no se puede*.

51. Del dicho al hecho

Era de esperar. Cuando Podemos, el partido de Alberto Jarabo, decidió convocar una asamblea para decidir el papel de Podemos en el Ayuntamiento de Palma tras las últimas elecciones municipales y autonómicas, para poco después desautorizar el mandato de más del 70% de los asistentes, todo apuntaba a una renuncia a las más firmes convicciones primigenias por parte del partido morado. Ahora ya no queda duda. Han bastado unos meses para comprobar que ya apenas nada queda de aquella formación que logró encandilar a muchos con sus diagnósticos supuestamente regenerativos. Los vicios de la vieja política parecen haberse adueñado de ellos.

Nerea Belmonte, edil alicantina de Podemos, se negó a ceder su acta después de haber concedido contratos a personas afines mediante el habitual fraccionamiento practicado a menudo por aquellos a quienes siguen llamando la casta. El caso, sin embargo, representa sólo un botón de muestra. Empezando por el número dos a nivel nacional, Íñigo Errejón, quien tampoco hizo frente a sus responsabilidades políticas tras firmar un contrato a tiempo completo sin pisar siquiera la Universidad de Málaga, por lo cual fue suspendido de empleo y sueldo por dicha universidad. O por Pedro Santisteve, alcalde de Zaragoza, que sigue en su puesto tras haber cargado al consistorio incluso el importe de la gomina que utiliza habitualmente.

En lo referente a los gestos, por desgracia tampoco puede sacar pecho el partido de Pablo Iglesias. Las prácticas de nepotismo se han puesto de manifiesto tanto en Baleares como en otras Comunidades y Ayuntamientos, mientras que los anuncios de bajadas de sueldos siguen brillando por su ausencia para muchos de sus cargos electos. Parece como si el asalto al poder fuera el único motivo que mueve el partido, con sus círculos olvidados desde Vistalegre, y miren que ha llovido desde entonces. Las exigencias de cargos y ministerios a nivel nacional antes de sentarse a negociar programas vienen a ratificar sus intenciones irrenunciables y prioritarias.

Lo más grave son las decisiones adoptadas ante delitos cometidos por sus representantes electos. No sólo no les hacen dimitir. Incluso cuando existen condenas a sus cargos públicos la actitud de Podemos es deplorable. Rita Maestre, concejal por Madrid y condenada por su asalto a una capilla, sigue arropada por su formación política, aunque no es éste el caso más significativo. Andrés Bódalo, concejal por Jaén y condenado por propinar una paliza a un adversario político, es defendido por su secretario general Pablo Iglesias a través de un tuit que no tiene desperdicio: "No estamos dispuestos a perder las libertades. Por eso, el derecho a la protesta no debe suponer cárcel".

Siempre pensé que para exigir honradez hay que ser muy honrado, pero parece que algunos no comulgan con esta aseveración.

✳ ✳ ✳

El siguiente artículo se hace eco de algunas prácticas inconcebibles en países serios, que sin embargo gozan de una acreditada raigambre en España, sin que de momento nadie ponga remedio.

52. Meritocracia y titulitis

El Código Civil español establece, en su artículo 1.1, que las fuentes del Derecho son la Ley, la costumbre y los principios generales del Derecho. No habla, sin embargo, sobre qué ocurre cuando las costumbres se vician hasta tal punto que llegan a convertirse en malas costumbres. Es entonces cuando la práctica colisiona frontalmente con determinados principios generales -como son la equidad, la Justicia y la igualdad-, aun sin vulnerar necesariamente la Ley. Y lo que es peor, la experiencia demuestra que no suele ocurrir nada cuando ello ocurre. Por desgracia, la Ley vigente sigue protegiendo en muchos casos las malas praxis sin que el legislador se moleste en poner remedio.

Quizás el ejemplo más claro lo tenemos en la meritocracia y la titulitis, cuando desde la Administración Pública solicitan ciertos supuestos méritos a la hora de adjudicar contratos o de asignar plazas en propiedad.

No entraré en disquisiciones sobre la bondad de los títulos y los certificados que por lo general suelen aportar los candidatos. Si bien habrá que aceptarlos, igual que se suponía el valor en el servicio militar, sí resulta totalmente injusto valorar únicamente este tipo de justificantes como si dogmas de fe se tratara. Es cierto que de algún antecedente hay que partir, pero no parece lo más justo ni adecuado el hecho de no exigir responsabilidades futuras si los adjudicatarios de los contratos no responden en absoluto a las expectativas creadas a la vista de la documentación presentada.

Un título no es más que un documento acreditativo de que en un momento puntual su poseedor dispuso de unos conocimientos que en principio le facultan para llevar a cabo determinada labor, pero en ningún caso para certificar que vaya a realizar el trabajo asignado de forma satisfactoria y efectiva. La costumbre, a pesar de ello, no es muy dada a exigir el cumplimiento de las obligaciones dimanantes, por decirlo de una forma suave. Son esos los casos en los que la equidad, la Justicia y la igualdad se resquebrajan sin que en la práctica la Ley ponga remedio, enviciando los principios fundamentales de la Justicia. Las perversiones, con todo, no terminan ahí.

Resulta tan apetitoso para algunos la posibilidad de consolidar derechos de por vida sin apenas obligaciones, que llegan incluso mucho más lejos. A falta de justificantes, presentan un *currículum viatae* falsificado a quien corresponda, siempre amparados, eso sí, por la fuerza que se les otorga a quienes lo hacen blandiendo un carné de partido entre los dientes. En tales casos, empero, queda la esperanza de que sean los tribunales quienes lo investiguen y tomen las determinaciones que consideren oportunas a la vista de los hechos comprobados. Veremos si así es.

Acontinuación, se plantean determinadas prácticas por parte de ciertos políticos que dejan mucho que desear. Inventan vocablos, ideas y conceptos erróneos que sin embargo llegan a calar en un sector de la población. Con la inestimable ayuda de cierta prensa, todo hay que decirlo.

53. Donde nos dicen digo

En España muchos políticos suelen tener la mala costumbre de utilizar las palabras para confundir a la gente con el único objetivo de arrimar el ascua a su sardina. Para ello no dudan en inventar vocablos y conceptos sin el menor pudor, dando por sentado que sus palabras serán asumidas por el común de los mortales. Lo peor del caso es que muchas veces consiguen que sus mensajes -ya sea de forma directa o subliminal- logren ser aceptados por algunos periodistas y por supuesto por sus acólitos como si de un dogma de fe se tratara. Por otra parte, estaría bien que utilizaran palabras en su sentido metafórico, pero no es aceptable que las esgriman para propalar falsedades o errores. Veamos algunos ejemplos.

Quienes están en contra de la austeridad inventaron el vocablo austericidio para protestar contra la moderación en el gasto. Esa palabra, todavía no aceptada por la Real Academia Española de la Lengua, no puede tener otro significado que el de terminar precisamente con la austeridad. Visto desde este punto de vista, quienes proclaman que están en contra del austericidio, aun sin saberlo están defendiendo la austeridad. Y se quedan tan tranquilos.

En cuestiones idiomáticas se pretende hacernos comulgar con ruedas de molino apelando a una supuesta normalización lingüística. Nada más lejos de la realidad. El verbo normalizar en este caso lo utilizan en el sentido de hacer que determinado idioma se ajuste a una norma, una regla o un modelo común, pero la intención de sus defensores es otra: laminar la utilización de las demás lenguas comunes en provecho de una sola.

El mal llamado cordón sanitario se usa exclusivamente para marginar a determinadas formaciones políticas por cuestiones puramente ideológicas. Sin argumentos que las sostengan, por supuesto. Lo del cordón ya de por sí es difícil de aceptar desde un punto de vista democrático –que es lo que se pretende–, pero llamarlo además sanitario es de chiste.

Hablar de hechos diferenciales sin más es otra de las perlas con la que nos bombardean una y otra vez sin explicar en realidad en qué consisten tales hechos y lo que se persigue demostrar. Es cierto que existen tantos hechos diferenciales como personas, como también existen diferencias entre ciudades, países, idiomas, etc. Lo que no es en absoluto cierto es que determinadas diferencias se esgriman para justificar la transgresión de leyes.

En cuanto algunos políticos se arrogan el derecho a citar a la opinión pública para utilizar determinados argumentos sin sentido, podemos echarnos a temblar. Lo que están haciendo realmente es expresar su propia y exclusiva opinión, en absoluto generalizada, por cierto.

Cuando se anuncian pretendidas reformas tributarias ocurre algo bastante curioso. No son más que un eufemismo que inexorablemente nos conduce a tener que soportar un aumento de la presión fiscal por supuesto no justificado.

Por último, aunque existen muchos más ejemplos, me referiré al melón abierto en su día por Carmen Romero cuando se refirió a jóvenes y jóvenas. Ante su loable intento de defender la igualdad entre los sexos, no se le ocurrió otra cosa que una de las mayores demostraciones de incultura y papanatismo que uno pueda haber visto. A pesar de ello, tanto desde la derecha como desde la izquierda se ha generalizado de tal manera el error que incluso la RAE ha tenido que tomar medidas en algún caso aislado, como en el de juez y jueza.

A continuación, se plantea la forma con la que se aplica la ley a los ciudadanos de a pie, en contraposición a la casi absoluta falta de responsabilidad cuando de representantes públicos se trata.

54. Perro no muerde a perro

El pasado sábado, en las páginas de sucesos de los periódicos, aparecía la noticia de que el abogado José Díaz Campillo había sido condenado a una pena de un año y medio por apropiarse indebidamente de seis mil euros que previamente le había entregado un cliente. Por lo visto, dicho cliente consignó esa cantidad para que el letrado a su vez la depositara en el Juzgado, con el objeto de cumplir una sentencia relativa a una determinada responsabilidad civil en la que había incurrido. Obviamente, la condena se produjo porque el dinero no fue ingresado en el Juzgado, con lo que el abogado tuvo que responder ante la Justicia por su desvío a otros menesteres.

Unas páginas más adelante, se podía uno encontrar con otro caso de desvío de fondos cuando menos inapropiado. La noticia informaba del cese de Mónica Sala como gerente de la Hermandad de Donantes de Sangre de Mallorca. Esta señora, al parecer fue despedida por la propia entidad donde prestaba sus servicios tras destinar al pago de su propio sueldo parte de las subvenciones recibidas del Govern para sufragar campañas de donación de sangre.

Vistos estos dos ejemplos, en los que determinados ciudadanos han tenido que hacer frente a responsabilidades derivadas de un mal uso del dinero que pusieron en sus manos, es inevitable que surja una pregunta sin respuesta convincente. ¿Por qué, aunque sea por analogía, no se aplica el mismo rasero a los políticos cuando desvían fondos destinados a determinados pagos, derivando partidas finalistas hacia cajones de sastre donde las obligaciones se convierten en arbitrariedades en poder de quienes las manejan?

En la entrevista concedida por Jaume Matas a Jordi Évole el ex político deslizó una obviedad tan cierta como políticamente incorrecta, al menos si no se matiza debidamente: no todos somos iguales.

Afortunada e irremediablemente, nadie somos iguales por nuestras circunstancias, ni por nuestro aspecto, ni por nuestras capacidades, ni por nuestra forma de pensar y actuar. Sólo somos iguales ante la Ley, como también deberíamos serlo ante la Justicia. Sin embargo, permitimos la impunidad en políticos cuyas acciones en el ámbito de lo privado acabarían en condena. Entre otras cosas, porque el código penal no siempre trata por igual a ciudadanos de a pie y a los políticos. Es por ello que, aunque todos seamos iguales ante la ley, de nada sirve si la ley no es igual para todos.

Cuando los políticos –los únicos facultados para cambiar las leyes– aplican la máxima de "perro no muerde a perro" ¿Puede invocarse la igualdad de la ley para todos?

En mayo de 2017 se produjo un abrazo público entre Pablo Iglesias e Íñigo Errejón. Fue para escenificar algo que ambos querían ocultar, un enfrentamiento ideológico sin posibilidades de reconciliación. El tiempo se ha encargado de demostrar que lo que se decía en el artículo era rigurosamente cierto. Dos años más tarde, nada más convocarse elecciones locales, Errejón se desmarcó de Iglesias al pactar ir de número dos en la candidatura de Manuela Carmena. Podemos, ante su temor a un descalabro monumental, decidió no presentar candidatura por Madrid.

55. El abrazo

Aunque el abrazo escenificado el pasado martes por Pablo Iglesias e Íñigo Errejón pueda parecer a algunos incluso enternecedor, nada queda más lejos de la realidad. Como ocurrió hace ya tiempo, con motivo del inicial enfrentamiento entre el líder de la coleta y Pablo Echenique, el achuchón podría interpretarse como el abrazo del oso o, si lo prefieren, como la humillación del toro bravo ante el torero en posición de superioridad desafiante.

Muy lejos quedan ya los circulitos morados, salvo para mantener el logotipo de un partido que es conducido con mano de hierro. En él ya no caben las disidencias y mucho menos los idealizados acuerdos asamblearios.

Solo han tenido que pasar algunas pocas elecciones y apenas dos congresos de Vista Alegre para que quienes se consideran a si mismos herederos del 15M cuenten con una férrea estructura y una cadena de mando que en nada se parecen al espíritu fundacional del partido. Por desgracia, las purgas están a la orden del día para los discrepantes y Errejón parece ser plenamente consciente de ello.

La realidad se puede maquillar, recrear e incluso simular, pero el tiempo suele encargarse de recordarnos que es muy tozuda y eso es lo que sucede con la formación morada. Desde el pretendido idealismo utópico, Podemos poco ha tardado en convertirse en un jugador más que compite en la liga de los partidos políticos. O de la casta, como fueron denominados. Hasta que los amigos asamblearios se convirtieron en más de lo mismo, solo que con diferencias apreciables e importantes.

Abominan el sistema y e intentan dinamitarlo. En nombre de la libertad y de la democracia denuncian la corrupción, pero solo cuando no afecta al sanedrín. Los dirigentes morados tienen sin duda muchas cosas que aclarar.

El objetivo proclamado en forma de metáfora por el gran líder, asaltar los cielos, es plenamente legítimo para cualquier formación política. Tan lícito como el que los ciudadanos nos preguntemos si serán capaces de respetar las esencias democráticas en caso de alcanzar el poder. En democracia no basta con asumir las victorias, por muy legítimas que sean éstas.

La victoria en las urnas exige, además, respetar a las minorías, aceptar sus críticas y sobre todo, no fulminar al adversario. En definitiva, no utilizar el poder para implantar métodos de tinte totalitario. Como en Venezuela, aunque la simple mención a algunos les provoque sarpullidos. La exigencia de una enérgica condena del régimen de Nicolás Maduro por parte de los dirigentes morados no es gratuita. El silencio no es el mejor camino para disipar cualquier duda sobre si se amamantaron o no en ubres bolivarianas, sobre sus intenciones y sobre las servidumbres que pudieran existir al respecto.

* * *

A continuación viene una reflexión sobre una serie de vicios que cotizan cada vez más al alza. En cambio, la productividad, el esfuerzo y los valores en general parecen cotizar claramente a la baja. Siga leyendo.

56. Precio y coste

En España parece que estemos abonados a la cultura del esfuerzo escaso, aunque sin renunciar los beneficios que deberían estar reservados a la laboriosidad y el sacrificio. Es ésta una constante que viene repitiéndose desde hace mucho tiempo y que explica nuestro atraso como país.

Ya en 1906, incluso un intelectual tan significado como Miguel de Unamuno acuñó su célebre comentario: «Que inventen, pues, ellos y nosotros nos aprovecharemos de sus invenciones. Pues confío y espero en que estarás convencido, como yo lo estoy, de que la luz eléctrica alumbra aquí tan bien como allí donde se inventó»

Hoy, parece que todavía no hemos podido librarnos de semejante estigma. Seguimos sintiéndonos acreedores a todos los derechos sin apenas obligaciones. El principio contable de que no hay partida sin contrapartida no reza para nosotros, sino solo para los demás. Parece como si no fuéramos capaces de somatizar la cultura del esfuerzo.

Sacralizamos todo lo que sea público en detrimento de lo privado simplemente porque creemos que todo se nos tiene que dar a cambio de nada, aunque resulte evidente que en realidad no existe el gratis total.

Estamos felices porque nuestra pertenencia a la zona euro nos permite no tener que devaluar nuestra divisa y contener la inflación, pero nos quejamos amargamente si dicha devaluación se produce vía salarios y aumenta nuestra exclusión social.

Los economistas alertan sobre una alarmante falta de productividad, pero no importa. Seguimos alimentando la idea de lo importante que es seguir engordando el sector público al precio que sea, sin exigirle nada a cambio.

En Baleares, la Federación Nacional de Empresarios de Ambulancias viene anunciando que ha tenido que transcurrir tan solo un mes para que la gestión del servicio de ambulancias -transferido al sector público- haya casi duplicado su coste. Ello sin contar que el personal transferido ya está demandando la equiparación salarial «a la de los funcionarios» Si esta mayor contribución que ya estamos sufriendo los ciudadanos sirviera al menos para obtener a cambio un mejor servicio podría justificarse, pero no creo que sea el caso.

Con la enseñanza concertada ocurre algo parecido. Su coste resulta muy inferior al de la escuela pública, a pesar de ofrecer una calidad de enseñanza superior, aunque desde los estamentos oficiales intenten desmentir algo tan evidente.

Mientras sigamos instalados en la cultura de la subvención y del gasto público desbocado y sin control seguiremos aprovechándonos de la luz eléctrica que inventaron otros, como decía Unamuno, pero a costa de que seamos cada vez menos quienes podamos siquiera encenderla. El precio será el mismo para todos, pero el coste será cada vez menos asumible para más personas.

* * *

El siguiente título, aunque a primera vista pueda parecerlo, no se refiere a la noble actividad circense, ni existen erratas en el encabezado.

57. El circo y el propósito de enmierda

En este bochornoso espectáculo circense que le ha tocado presenciar —y sufrir— a la sociedad balear no ha faltado nada. En el espectáculo hubo de todo: funambulistas, trapecistas, equilibristas, domadores, payasos...

Lo peor del caso, sin embargo, fue que al circo le surgió lo peor que le podía ocurrir; le crecieron los enanos de la corrupción. Los prestidigitadores resultaron al final trileros, los magos se tornaron verdaderos especialistas del trinque y hasta los acomodadores se dedicaron a falsificar las entradas a la carpa.

Los dineros desaparecían de los bolsillos de los ciudadanos como siempre, pero esta vez no retornaban a los espectadores, quienes, resignados e impotentes, veían como sus billetes de curso legal pasaban a engrosar el patrimonio de los falsos ilusionistas. Todo sin que el director de pista, ni sus ayudantes, ni los artistas, hicieran nada por evitarlo. El Mundo denunciaba, pero estaba tan solo que incluso tuvo que soportar insultos por parte del elenco y hasta de sus colaboradores necesarios. Por suerte ocurrió que, tras llegar tantas veces el cántaro a la fuente, por fin apareció la Justicia.

Sólo entonces, en cuanto las evidencias obligaron a los presuntos ladrones, carteristas y falsificadores a salir de la carpa que les protegía de la intemperie, se desataron las manifestaciones de desaprobación. Las declaraciones de condena por la representación de trucos y engaños que traspasaban claramente la línea que separa una actuación para convertirla en un delito se convirtieron en unánimes.

Anteriormente los profesionales, que no los espectadores, parecía que estuvieran poseídos de un candor e ingenuidad superior a la de los niños. Al fin y a la postre, ¿por qué no creer que los burdos engaños eran tan sólo juegos de ilusionismo si en el fondo se corría el riesgo de tener que cerrar las representaciones para dar paso a una nueva temporada y con ella la incorporación de nuevos artistas?

El corolario de tamaño desaguisado podría resumirse en un hecho claro: tanto por su variedad como por su cantidad, las actuaciones punibles dieron por bueno el más universal lema circense; se había superado con creces el "más difícil todavía". Las imputaciones agotaron todos los artículos del código penal cuando los jueces, al tirar de la manta, llegaron a descubrir, entre otros, casos de presunta pederastia y tráfico de estupefacientes entre el elenco y sus allegados.

Por desgracia para todos, y salvo que ocurra un milagro que nos lleve a un rápido cambio de actores, si es que llega a producirse, todo seguirá como hasta ahora. Mientras, quienes no se vieron salpicados siguen con sus espectáculos de perfil bajo, sin que podamos ver por ningún lado decisiones encaminadas a evitar tentaciones que pudieran propiciar de nuevo sucesos deplorables. Nada de cautelas ni medidas. Falta enorme de transparencia, muchos estudios, clientelismo y subvenciones, eso sí. Puro gasto inútil, cuando menos.

Visto lo visto, lejos de poder vislumbrar un cierto propósito de enmienda, sí parece que tal vez prevalezca un cierto propósito de enmierda, y disculpen el palabro.

* * *

Hay preguntas de varios tipos. Las que no tienen respuesta y las que a veces no conviene contestar. El artículo trata sobre estas últimas.

58. Preguntas

Ahora que se habla tanto de pactos y parece tan difícil conseguir la gobernabilidad, hay una serie de preguntas de fácil respuesta, pero de complicada aplicación. Existen vicios enraizados en nuestra clase política en general, más interesada en seguir como hasta ahora, por mucho que se empeñen algunos en pregonar cambios en los que no creen.

Si la inmensa mayoría de los partidos pretenden modificar la Constitución -todos hablan ya de ello- ¿por qué no se ponen de acuerdo para formar una gran coalición que lo posibilite, ahora que ya no existe el bipartidismo y tampoco una mayoría clara?

Si realmente lo que mueve a nuestros representantes es el bien de España ¿por qué no se sientan para encontrar solución a intereses comunes asumibles y no aparcan las diferencias para debatirlas donde debe hacerse, en el Parlamento?

Si todos los españoles estamos de acuerdo en eliminar las desigualdades sociales y en conseguir un marco de convivencia ¿por qué se empeñan los aparatos de los partidos en imposibilitar un diálogo donde quepamos todos dejando al margen los intereses personales como se hace en los países más civilizados?

Si casi todos coincidimos en la necesidad de acabar con la corrupción sistémica ¿por qué no se emprende un cambio en las leyes a través de un Parlamento -que ya es necesariamente plural- y se pone trabas a la elección de un presidente que por primera vez en 40 años se vería obligado a desarrollarlos?

Si tan necesario resulta despolitizar la Justicia ¿por qué no se aborda este problema a través de una Cámara que tendría la oportunidad de hacerlo dada la plural composición que salió de las urnas en las últimas elecciones?

Si de verdad lo importante es la opinión de la mayoría de los españoles expresada en las urnas ¿por qué seguir con la insana costumbre de aplicar cordones sanitarios, adoptar posturas intransigentes, poner barreras de todo tipo y, en definitiva, provocar ingobernabilidad?

Si, como parece ser, existen postulados asumibles por parte de la mayoría de los partidos representados en el nuevo y variado Parlamento próximo a constituir ¿por qué no sentarse a hacer propuestas y discutirlas en él en lugar de intentar negociar pactos interesados que puedan convertir el país en ingobernable?

Si la totalidad de fuerzas representadas creen realmente en la democracia, en el acatamiento a las leyes, en el sometimiento a la voluntad de las mayorías y en el respeto a las minorías ¿por qué se acude a la intransigencia con tanta facilidad?

Si los todos los partidos presumen de ser tan democráticos ¿por qué no permiten de una vez por todas que sus diputados electos voten en conciencia en lugar de seguir consignas?

¿Cuál es la respuesta a todas las preguntas? Muy sencillo: faltan estadistas.

* * *

Lo que se dice a continuación va contra una tendencia a aceptar sin rechistar las autonomías, expresada por todos los partidos, excepto por Vox ¿Casualidad? ¿Interés propio? Me temo que un poco de todo. Juzgue usted mismo, pero antes le ruego lea el siguiente artículo

59. El precio de las Autonomías

Los últimos datos publicados en el barómetro del Real Instituto Elcano indican que el 21% de los españoles desea un Estado centralizado, sin Autonomías. El dato resulta curioso dado el elevado número de ciudadanos que empiezan a mostrarse a favor de una recentralización.

Desde que fue aprobada y refrendada la Constitución en 1978, el Estado de las Autonomías se convirtió en una especie de dogma de fe basado en una descentralización que permitiera mayor agilidad en las decisiones y más protagonismo de los residentes locales en todas y cada una de las regiones de España.

Cuarenta años más tarde todavía perdura la idea, aunque cada vez son más las voces discrepantes. ¿Por qué? Por muchas y variadas razones, todas ellas amparadas en evidencias que, con los datos en la mano, cada día resultan más difíciles de obviar.

En primer lugar, el viejo mantra tan repetido de acercar las decisiones a las instituciones locales, con el tiempo ha derivado en otro mucho más peligroso para la convivencia: El falso e inexistente derecho a decidir sin más, incluso cuando se conculcan leyes y además se pretende conseguir impunidad para quienes las vulneran.

Tal vez no sea políticamente correcto decirlo, pero parece que cada día más nos estamos acercando a una realidad que en el futuro sin duda quitará la venda de los ojos a mucha gente. Por pura lógica, tarde o temprano los ciudadanos exigirán eliminar una perversa y tremenda maquinaria perfectamente engrasada con dinero público que no anida solo en Cataluña, sino también en todas y cada una de las dieciséis Autonomías restantes.

España es un país tan dispar que caben y hasta llegan a equipararse la generosidad más extrema y la mezquindad más reprobable. Y es precisamente ese sórdido egoísmo el que está permitiendo llegar a algunos, a través del dinero público, hasta extremos otrora impensables.

Los presupuestos del Estado prevén para el próximo ejercicio una partida destinada a las Autonomías superior en un 5.40% al año anterior, hasta superar los 185.000 millones de euros. La cifra no tendría mayor importancia, vistas las competencias transferidas, si no fuera porque prácticamente la mitad de esta astronómica cifra prevé destinarse a personal y gasto corriente ¿Es este el precio que pagamos por la descentralización? La respuesta es sí. ¿Cuáles son los resultados? Veámoslos.

Entre las cinco regiones más importantes de España -Madrid, Cataluña, Valencia, Andalucía y Baleares- no existe ninguna en la que no se hayan producido escándalos casi de manera permanente. Todas ellas sin excepción cuentan con algunos de sus presidentes autonómicos imputados y/o condenados e incluso alguno confeso por delitos de corrupción y hasta de rebelión. Los datos son tan demoledores que merecen como mínimo una reflexión.

✳ ✳ ✳

Vivimos en la era de las comunicaciones y cuanto más avanzamos, más oportunidades surgen para manipular a la opinión pública. Los resultados del Brexit o el triunfo de Donald Trump en las elecciones presidenciales norteamericanas son un ejemplo ya recurrente.

60. Propaganda y manipulación

Con frecuencia se confunden los términos publicidad, propaganda, relaciones públicas y marketing. Todos ellos guardan una cierta similitud en cuanto a sus fines -vender productos, servicios o ideas-, pero no siempre son coincidentes en cuanto a los medios utilizados para conseguir los objetivos que se persiguen. De cualquier forma, posiblemente sea en la política donde se utiliza con más profusión una combinación de todas esas técnicas, y en especial en lo concerniente a la propaganda, pues en muchos casos resulta gratuita y muy útil para manipular la voluntad de los electores.

Últimamente han aparecido nuevos medios, debido a los avances tecnológicos de internet, como *twitter, telegram, Instagram, linkedin o facebook*, que harían las delicias del mayor manipulador de la Historia, Joseph Goebbels. Los resultados del Brexit y la elección de Donald Trump son quizá los ejemplos más ilustrativos.

Pese a las nuevas técnicas de comunicación, no cabe la menor duda de que los medios tradicionales -prensa, radio y televisión- siguen siendo fundamentales para intentar torcer voluntades políticas. Además, resultan en muchos casos gratuitas debido al fuerte contenido ideológico de quienes controlan las cabeceras y los contenidos informativos. La tremenda lucha política por los nombramientos de responsables de los medios de comunicación públicos en España es quizás el ejemplo más recurrente, si bien los medios privados también utilizan su poder para influir.

La neutralidad y la imparcialidad representan hoy una utopía, si bien habrá que reconocer que los avances más significativos por lo general se han venido produciendo en medios británicos como la BBC o estadounidenses como el Washington Post.

En sus antípodas se sitúan determinados panfletos propagandísticos que no dan puntada sin hilo para defender postulados ideológicos a cualquier precio. Hacen el caldo gordo a quienes les interesa y silencian todo aquello que pudiera perjudicar de algún modo a sus benefactores. Existen sin embargo formas más sibilinas de arrimar el ascua a su sardina igualmente eficaces.

¿Se han fijado en algunos pseudo periodistas que preguntan a políticos sobre sus adversarios pese a conocer de antemano el sentido de la respuesta? ¿Observaron el lenguaje "políticamente correcto" utilizado con frecuencia por ciertos gacetilleros al servicio de una determinada causa? ¿Contemplaron el diferente tratamiento a una noticia dado por algunos medios en función de la ideología del protagonista? ¿Percibieron silencios sospechosos ante determinados escándalos?

Por último, nos encontramos con casos que, en mi opinión, son todavía más graves. Me estoy refiriendo a algunos medios, pocos por fortuna, que dirigen campañas de acoso injustificado hacia personas e instituciones que osaron no plegarse a los rastreros intereses propios o de quienes les pagan. No me pidan nombres, dichas operaciones de derribo son tan evidentes como difíciles de demostrar ante un juez.

Pasamos a continuación a un tema, la educación académica, que goza de opiniones dispares, aunque los fríos números parecen demostrar que en España tenemos un gran problema. Incluso me atrevería a decir que es la génesis de todos los demás.

61. La enseñanza, esa asignatura pendiente

Uno de los problemas más acuciantes de nuestro país es el de la enseñanza. De nada han servido los sucesivos informes de PISA en los que nos sitúan aproximadamente en la media de la OCDE. La evolución cognitiva de la mayoría de nuestros estudiantes, lo más preocupante, sigue estancada desde hace años. Según Andrea Schleicher, su principal responsable, "si solo se midiera la memorización, España lo haría mejor en PISA". Esta conclusión sin duda supone una pista que nos conduce a los altos índices de fracaso escolar, en absoluto imputable a los profesores ni por supuesto a los alumnos.

Quien asegura que la historia se repite, en muchos casos está en lo cierto. A finales de los sesenta del siglo pasado se anunció a bombo y platillo la desaparición de las reválidas en favor de una "evaluación continuada". Al final la medida se convirtió en nada. Lejos de cambiar el sistema, las pretendidas evaluaciones se confundieron con más exámenes periódicos. Más de lo mismo, en suma.

¿Cuándo nos daremos cuenta que el actual fracaso escolar no es cuestión de más o menos exámenes, la cantidad de horas lectivas impartidas o los deberes extraescolares? Mientras nuestro sistema educativo se base en simples ejercicios memorísticos todo seguirá igual, con reválidas o sin ellas. Si no somos capaces de racionalizar el propio sistema, cada vez destinaremos más recursos en busca de la excelencia, pero los resultados serán los mismos.

El otro gran déficit viene dado porque las enseñanzas que recibe la media de nuestros estudiantes poco o nada tiene que ver con el día a día de una sociedad que exige una mayor calidad en materias y conocimientos que por desgracia no se da en la mayoría de los docentes. La enseñanza en

España, en definitiva, va por lo general muy por detrás de lo que sería lógico exigir. La utilización de nuevas tecnologías por parte del alumnado, el fomentar el trabajo en equipo o el replanteamiento de la función del profesor, son solo algunas de las asignaturas pendientes del sistema, no del alumno. Sustituir las lecciones magistrales para convertir al profesor en un colaborador del estudiante que sea capaz de fomentar su interés por el aprendizaje es algo ocurre hace ya décadas en los países nórdicos.

El progreso bien entendido exige una escuela de calidad y a la vez competitiva, aunque, como ocurre en otros ámbitos, los resultados -en nuestro país- no suelen acompañar a lo público. El mejor ejemplo lo tenemos en Balares, donde un colegio, Ágora, puede presumir de que los conocimientos de sus alumnos, según el referido informe PISA, parecen ser como mínimo equiparables a los de los mejores del mundo.

En 2009 no se le ocurrió otra cosa a Román Piña Homs que la descabellada idea de sugerir a Ramón Aguiló Munar la presentación de su autobiografía. El ex alcalde de Palma de Mallorca aceptó. Y ocurrió lo que tenía que ocurrir. En ella, el presentador puso de manifiesto su extrañeza al haber sido elegido por una persona tan lejana en creencias y comportamientos. Sin embargo, no todo eran diferencias, por lo cual el suceso fue objeto de un artículo.

62. Ramón vs. Román

En la presentación del libro autobiográfico "De los pasados días", de Román Piña Homs, se produjo un hecho aparentemente insólito. Uno de los elegidos para presentar la publicación era Ramón Aguiló Munar, cuyo antagonismo con el autor resulta evidente y aceptado por ambos personajes, debido a sus profundas diferencias ideológicas y a la disparidad de criterios a la hora de afrontar la vida. Sin embargo, la mayoría de quienes asistimos pudimos constatar que ni Román se equivocó al encomendar a Ramón la presentación, ni lo hizo Ramón al aceptar la propuesta.

Quienes conocemos a ambos estaremos o no de acuerdo con lo que dicen y como lo hacen, pero tendremos que convenir que se trata de dos personas que no tienen desperdicio y que, si es mucho lo que les separa tanto en el plano ideológico como en su forma de actuar, son complementarios. Aunque también tienen más puntos en común de lo que probablemente ellos mismos piensen.

Quizá a Ramón se le entiende más por lo que dice y a Román por lo que calla, pero los dos pertenecen a este escaso grupo de gente en la que uno puede confiar. Su integridad está fuera de toda duda. A pesar de pertenecer a una condición humana excesivamente proclive a la indignidad, ambos son un ejemplo de rectitud muy difícil de encontrar en los tiempos en que vivimos. Se mueven dentro de unos parámetros que Román cataloga como morales y Ramón define como éticos. Uno espera la recompensa en el cielo y el otro no cree en el más allá, pero los resultados de sus respectivos comportamientos, diferentes a todas luces, son idénticos y ejemplares.

Incluso en el capítulo de su formación intelectual son tan diferentes como complementarios. Ramón, como ingeniero, se formó en lo que algunos denominan ciencias duras, poco condescendientes con lo inexacto, mientras que Román adquirió sus conocimientos en el ámbito de las humanidades, en donde el pensamiento prima sobre la exactitud.

Otro de los rasgos comunes de Ramón y Román es el de la generosidad bien entendida, y la prueba la tenemos en el reconocimiento a sus respectivas trayectorias. Ambos se han volcado en las responsabilidades para las que fueron designados, a las que se entregaron con honestidad, y lo siguen haciendo, simplemente por sentido de la responsabilidad. Hasta el punto de que los dos fueron en algún momento apartados de sus puestos a base de trapacerías por quienes honestamente y en virtud de sus méritos debían apoyarlos.

Recuérdese la falta de apoyos del entonces su partido a Ramón Aguiló en último año en la alcaldía o la no renovación de Román Piña como profesor emérito de la universidad por parte de quienes debieran haber suplicado al viejo profesor que continuara. Sin embargo, los dos se fueron sin hacer el menor ruido y sólo el tiempo ha demostrado la injusticia cometida con ellos.

Tomen nota nuestros políticos de estos dos personajes. Tienen ideologías antagónicas, formas diametralmente opuestas y hasta caracteres diferentes, pero uno y otro han dado y siguen dando lecciones de honestidad. Como no podría ser de otro modo, estoy seguro de que ambos coinciden en muchos aspectos fundamentales de la convivencia y desde esta perspectiva contemplan horrorizados el bochornoso espectáculo de la corrupción que estamos viviendo en las Islas. Y las denuncian a través de El Mundo-El Día de Baleares todas las semanas. Bien es cierto que uno lo hace con guante de seda y el otro con mano de hierro, pero para mí en este caso lo verdaderamente importante no son las formas, sino el fondo.

La irrupción de Podemos en el panorama político español supuso un verdadero tsunami en los usos, costumbres y comportamientos habituales en el parlamentarismo español. Observemos una muestra de ello en el siguiente artículo

63. Manca vergogna

Aunque la expresión italiana "manca finezza" se suele atribuir a Giulio Andreotti, parece ser que fue Amintore Fanfani quien la profirió a raíz de una visita a Roma de un joven Felipe González, aspirante a presidente del gobierno de España, ataviado entonces con traje de pana y camisa de cuadros sin corbata.

Hoy, cuarenta años más tarde, aquel atuendo resultaría casi de gala si lo comparamos con el de muchos de nuestros diputados, a quienes por lo visto les falta algo más en el vestir que la finura que demandaba el viejo presidente de Italia. Ello denota que en la actualidad han cambiado las formas en política, no sé si para bien o para mal, aunque lo más grave es que también está cambiando el fondo, algo que sí resulta preocupante.

Hace unos días los concejales de Madrid Celia Mayer y Carlos Sánchez Mato fueron imputados nada más y nada menos que por presuntos delitos de malversación de fondos públicos, prevaricación y delito societario. En ausencia de la alcaldesa Manuela Carmena, le faltó tiempo a la cúpula del partido Podemos para arropar a sus dos militantes, asegurando que el proceder de sus compañeros había sido "perfectamente legal y legítimo". Sin embargo, la desfachatez y la falta de respeto hacia la Justicia por parte de los morados no terminó ahí.

El código ético colgado en su página web desapareció como por arte de birlibirloque, no fuera cosa que a alguien se le ocurriera consultarlo. Porque, para cumplirlo, ya estaban los demás; nunca ellos. Estábamos asistiendo, en suma, a una nueva versión digna de la secuencia del camarote de los hermanos Marx en Una noche en la ópera: tengo un código ético, pero si me afecta, lo suprimo.

Todas las encuestas coinciden en señalar una baja considerable en las expectativas de voto de Podemos, y no resulta nada extraño, visto lo visto. No es lo mismo predicar honradez que ser honrado. Ni denunciar a la casta al tiempo que uno se apunta a ella nada más se presenta la ocasión. Está muy bien denunciar irregularidades -y no digamos casos de corrupción-, pero quien lo hace debe estar dispuesto a actuar como mínimo desde los postulados éticos que exige a los demás. Y si no lo hace, es lógico que tenga que atenerse a las consecuencias.

Las irregularidades, desmanes y delitos de los adversarios jamás podrán justificar los propios. Se puede engañar a la gente si se tiene un mínimo de labia y algunos medios que silencien las vergüenzas y defiendan lo indefendible. Pero casi siempre, con el tiempo, la realidad y la sensatez salen a flote. Como diría el periodista Carlos Herrera, afortunadamente todavía existe el desfibrilador de tontos.

* * *

A continuación, vienen unas reflexiones acerca de la importancia de los mensajes en política. A pesar de los avances tecnológicos en materia de comunicación, o quizá debido a ellos, personajes como McLuhan y Göebbels siguen plenamente vigentes.

64. McLuhan estaba en lo cierto

La polémica surgida últimamente, a raíz de la importante irrupción de los populismos de izquierdas y de derechas en todo el mundo no obedece tanto al hecho en si, sino en el por qué se produce. Por muchas similitudes que quieran encontrarse en los respectivos mensajes de Pablo Iglesias y Donald Trump -por poner un ejemplo recurrente-, quizá no resultan tan importantes ciertas coincidencias, dadas sus evidentes y profundas diferencias ideológicas, como el método utilizado para conseguir sus propósitos, léase alcanzar el poder a toda costa.

A este respecto, no cabe la menor duda de que existe un elemento común entre los populismos emergentes de todo el mundo. Todos ellos han sabido resucitar y poner en valor a Marshall McLuhan, aquel filósofo canadiense del pasado siglo que, tras acuñar la idea de la aldea global, fue capaz de revolucionar los conocimientos en materia de comunicación con la célebre teoría de que "el medio es el mensaje".

Los contenidos de los mensajes, por muy descabellados que puedan parecer, pierden toda su importancia ante el medio a través del cual se emiten, y lo siguen a rajatabla quienes, a falta de propuestas serias y razonables, conocen a la perfección la teoría de que somos lo que vemos. Por desgracia vienen a dar la razón a Paul Joseph Göebbels cuando aseguró que "una mentira repetida adecuadamente mil veces puede llegar a convertirse en una verdad", como si de un dogma de fe se tratara.

La mayor importancia del medio sobre el contenido que se divulga, el mensaje transmitido, puede apreciarse no sólo en política. Basta observar el éxito de un programa de televisión como Sálvame y los récords de audiencia obtenidos desde hace años por este formato a pesar de las feroces críticas recibidas.

Incluso Julio Anguita ha llegado a sucumbir a la tentación de renunciar de hecho a su célebre postulado "programa, programa, programa", que tan poco rédito le produjo, al entregarse a una coalición como la de Pablo Iglesias que hace ya tiempo se olvidó de las propuestas y apostó por continuas apariciones en medios de comunicación dispuestos a bailarle el agua sin reparar en la rigurosidad de los contenidos de sus declaraciones.

Igual ocurre con el recientemente elegido presidente de los Estados Unidos, quien no reparó en repartir exabruptos a diestro y siniestro con tal de obtener unas audiencias que le hubieran sido imposibles de alcanzar a través de titulares que reflejaran propuestas medianamente serias.

En el trasfondo de todas estas consideraciones, sin embargo, subyace un profundo descontento social que actúa como verdadero caldo de cultivo que propicia aquello de que, a río revuelto, ganancia de pescadores. No lo olvidemos.

* * *

Reflexiones sobre el Estado del Bienestar, publicadas en el lejano 14 de febrero de 1994.

Como podrá observarse, por desgracia poco han cambiado las cosas desde entonces.

65. Sobre el Estado del Bienestar

Muchos de los esquemas dibujados por la sociedad española en los últimos veinte años con el objetivo de conseguir altas cotas de bienestar a través de significativos avances en el campo social están hoy en entredicho, sino en el fondo, sí al menos en la forma.

Los indudables avances conseguidos en materia de pensiones, la universalización de la asistencia sanitaria o el subsidio de desempleo han resuelto una vieja y legítima aspiración de los ciudadanos de nuestro país, pero estas mismas personas se cuestionan hoy aspectos tan importantes como la eficacia de los propios sistemas, su carestía e incluso su futuro. La llamada generación del 68, que en su día hizo posible estos avances y a la que por cuestiones obvias de edad le corresponde ahora el peso del poder, parece tener serias dudas sobre la eficiencia y viabilidad de una estructura que ella misma desarrolló, pero a su vez se ve incapaz de mejorarla.

Los costes de la seguridad social han aumentado en progresión geométrica en los últimos años, mientras que los impuestos que la financian lo hicieron en mucha menor medida durante el mismo período, provocando unos déficits ciertamente alarmantes para la economía del país. Las causas son varias. Unas tienen una componente fundamentalmente coyuntural, como el aumento de la tasa de paro, y otras obedecen a factores estructurales, la calidad de vida supone, entre otras cosas, una mayor longevidad y un anticipo en la edad de jubilación. Todas ellas, sin embargo, provocan un efecto idéntico: incremento enorme del gasto como consecuencia del aumento de subsidios y pensiones no contributivas, con la progresiva disminución del número de cotizantes.

Esta situación es a largo plazo insostenible y lo saben perfectamente los llamados agentes sociales: gobierno, patronal y sindicatos. La presión fiscal no puede seguir incrementándose ad libitum, pues se corre el riesgo de cercenar la propia esencia del bienestar, como la pescadilla que se come la cola.

Por otra parte, y esto también es grave, existen fundadas dudas sobre la calidad de los servicios recibidos del Estado, y que a la postre conforman el llamado Estado del bienestar. La asistencia sanitaria universalizada, la gratuidad del abogado de oficio en procesos judiciales o el bajo nivel de las pensiones, por poner algunos ejemplos, suponen casos paradigmáticos.

De poco sirve la asistencia gratuita de un letrado en un sistema judicial tan lento e ineficaz que requiere una profunda y urgente reforma del procedimiento procesal, solicitada públicamente en diversas ocasiones incluso por el propio presidente del Consejo Superior del Poder Judicial. O la gratuidad de la seguridad social —en lo que a la asistencia sanitaria se refiere— a tenor de las listas de espera existentes y las quejas justificadas de sus usuarios. Con las pensiones ocurre otro tanto: resultan a todas luces insuficientes, como lo demuestra el hecho de que la mayoría de ellas no alcanza siquiera el nivel del salario mínimo interprofesional.

Para la resolución de estos problemas y evitar a medio plazo una posible quiebra del sistema, sería necesario un gran pacto de las fuerzas sociales, con el objeto de que el conjunto de la sociedad española pudiera recibir de sus representantes un mensaje claro y una voluntad rotunda por resolverlos, dejando de lado ambiciones personales y actitudes sectarias, de las que tan sobrados andamos por estos pagos.

Mantener los actuales niveles en servicios sociales –y no digamos si lo que se pretende es mejorar en calidad– pasa inexorablemente por una mejora sustancial de la competitividad y por la optimización de los recursos disponibles. Lo que, dicho de otra manera, significa producir más y mejor en el sector privado y administrar de una manera mucho más eficiente en el público. Pero ocurre que, desgraciadamente, los diferentes agentes sociales están dispuestos a aceptar únicamente las reformas desde un punto de vista electoralista o de conveniencia sectaria, sin prestar a veces el más mínimo interés por cuestiones que no permitan obtener un retorno personal claro a corto plazo.

Se confunde con demasiada frecuencia el término "derechos adquiridos" por lo que en realidad no son otra cosa que vicios enraizados. El sentido patrimonialista de las instituciones y del propio Estado, el corporativismo, la irresponsabilidad y la impunidad son algunos de los defectos enquistados que evitan cualquier esbozo de solución y, por el contrario, avivan una crisis ya de por si preocupante.

* * *

Disquisiciones sobre lo que no podemos hacer, publicado el 30 de diciembre de 2014.

66. No podemos

No podemos criticar a la casta y pasar a convertirnos a continuación en parte de ésta a través de unos comportamientos difícilmente entendibles. Veremos a continuación algunos ejemplos ilustrativos de que no podemos o para ser más precisos, no deberíamos hacer.

No podemos pregonar a los cuatro vientos la falta de honradez de los demás si existe la más mínima duda sobre nuestra propia honestidad. En el ámbito judicial la carga de la prueba reside en la acusación, pero en política es justo al contrario. No podemos olvidarlo por mucho que nos duela.

No podemos olvidar tampoco que no podemos utilizar el "y tú más" que tanto hemos criticado a nuestros adversarios para justificar nuestras propias irregularidades. Sobre todo, cuando existe una suspensión de empleo y sueldo de por medio por anomalías ante determinados comportamientos poco recomendables.

No podemos seguir acumulando subvenciones —ni de manera directa ni de forma indirecta—, procedentes de lejanos regímenes de dudosa o nula reputación mientras estemos representando a nuestro país ante las más altas instancias europeas. No es ético, ni estético ni políticamente correcto, por muy loables que pudieran ser los fines a los que supuestamente se destinan los fondos, aunque la verdad es que lo desconozco.

No podemos pregonar a los cuatro vientos que abrazaremos un determinado "leninismo amable" ni ensalzar supuestas excelencias de regímenes bolivarianos para declarar, sólo un mes después, que realmente nuestro modelo a seguir reside en los países nórdicos. No me parece que sea de recibo.

No podemos pregonar a los cuatro vientos las excelencias y la necesidad de tomar decisiones mediante procesos asamblearios para abandonarlos a su suerte en la práctica en cuanto alcanzamos cuotas de poder. Como tampoco podemos caer en la tentación de adoptar el sistema de listas cerradas cuando siempre las criticamos a los demás, por mucho que nos empeñemos en explicarlo mediante circunloquios poco convincentes. No podemos seguir engañando con dichos y hechos contradictorios por más tiempo.

No podemos abandonar nuestras propuestas después de habernos apoyado justamente en ellas para alcanzar determinadas cuotas de poder. Está bien apelar al realismo, pero no lo está seguir en cargos públicos conseguidos a través de planteamientos que ahora, por lo que sea, entendemos como irrealizables. No podemos olvidar que si estamos donde estamos se debe precisamente a esos proyectos que por lo visto estamos abandonando.

No podemos desaparecer de repente de los medios de comunicación que nos alentaron y auparon ante la primera ocasión en la que nos vapulean en el transcurso de una entrevista. La excusa de no aparecer "hasta que haya programa electoral" no es de recibo, pues ya existe un programa que además incluso puede consultarse a través de internet.

No podemos prometer por más tiempo ataques frontales hacia quienes defraudan si nosotros hemos sido capaces de cobrar dinero sin declarar por alguno de nuestros servicios, aunque las denuncias supongan cantidades modestas. La ejemplaridad fiscal desaparece con el primer euro que uno defrauda. Y si es un cargo público, mucho peor. En cualquiera de los países nórdicos, al parecer ahora tan envidiados, la dimisión voluntaria sería automática.

No podemos defender conductas inadecuadas por parte de nuestros allegados por el mero hecho de serlo. Si sufren ataques —sean infundados o no— no podemos escudarnos sólo en excusas que no admitiríamos a los demás, tales como "es un ataque al feminismo" o "es una persecución".

No podemos responder a una crítica de un artista invitándolo a dedicarse a cantar y a no opinar sobre política, pues eso supone pasar de hecho de los procesos asamblearios al cesarismo más repugnante.

No podemos abogar por la supresión de las llamadas puertas giratorias en las grandes empresas y a continuación proponer su nacionalización, pues ello supondría poder entrar en ellas a través de su puerta principal.

No podemos seguir así, en definitiva, aunque las encuestas del momento nos sean favorables. Si lo hacemos, jamás podremos decir que no pertenecemos a la casta más casposa.

✳ ✳ ✳

Determinadas consideraciones sobre la manera de ser y de comportarnos los españoles hace que uno tenga que llegar a la conclusión de que tal vez somos diferentes.

67. Somos diferentes

Quizá debido a nuestra condición de mediterráneos, los españoles somos diferentes; en lo bueno y en lo malo. Somos capaces de ser un ejemplo de solidaridad y generosidad cuando vibramos ante los éxitos de nuestros deportistas en competiciones internacionales o cuando asombramos al mundo en cuestiones tales como la donación de órganos y otorgando ayudas de todo tipo a los países más desfavorecidos. Es que el corazón nos puede. La cosa, sin embargo, a la hora de entendernos entre nosotros, difiere sustancialmente en los resultados.

Para gobernar, la visceralidad no es una buena consejera, pero pese a ello no dejamos de utilizarla al anteponer sin rubor la ideología al bien común, como solemos hacer. Sólo que, en este caso, aunque pueda parecerlo, no es el corazón el que nos guía. En cuestiones de política, por desgracia tenemos una enorme tendencia a usar especialmente la hiel, el estómago y, en cuanto podemos, los testículos. Mientras tanto, el cerebro, el único órgano apropiado para ejercer la noble tarea de dirigir los destinos de los ciudadanos, queda relegado a un segundo o tercer plano. Es entonces cuando las posturas irreconciliables se anteponen a la razón y la conveniencia particular se impone rotundamente al interés general de la ciudadanía. Y paradójicamente lo hacemos en nombre de ella. Ciertas coaliciones interesadas son el ejemplo más palmario que se da entre partidos antagónicos que pactan sólo para conquistar cotas de poder, para absolutamente nada más.

La democracia, aceptada por casi todos por ser el sistema político menos injusto, es quizás el mejor legado que nos dejó la Grecia antigua, pero no el único. La demagogia es otra de las herencias recibidas, definida magistralmente por Aristóteles como «forma corrupta o degenerada de la Democracia». Es la que menos citan nuestros gobernantes por razones obvias, pero en la que más se apoyan y la que más practican. En un intento de justificar algo que es injustificable llegan incluso a aplicar eufemismos como cordón sanitario, sentimiento nacional o interés general, por poner algunos ejemplos poco ejemplares, y pido perdón por la redundancia.

Nuestro otro gran elemento diferencial radica en la nula importancia que le damos a la mentira y al incumplimiento sistemático de las promesas. A diario recibimos un bombardeo de falsedades que, lejos de restar votos o propiciar dimisiones, jamás tienen consecuencias para quienes las pronunciaron. Es más, sirven para alimentar las expectativas de voto. Se repiten tan machaconamente que muchos acaban creyéndoselas.

Con esos mimbres hemos fabricado unos cestos que permiten entender las crisis políticas, económicas y sociales que sufrimos de manera casi permanente. En definitiva, somos diferentes y por supuesto tenemos lo que nos merecemos.

Dicen que hay ocasiones en las que a uno le asiste la razón y aun así, puede llegar a perderla. Es el caso que veremos a continuación.

68. No, pero sí

Jeroen Dijsselbloem, el polémico presidente del Eurogrupo, es un tipo con pinta de autosuficiente y polémico. Sus cualidades supongo que tendrá, pero entre ellas no está precisamente el ser diplomático. Hace pocos días se despachó a gusto con unas declaraciones en las que dijo textualmente: "El pacto dentro de la zona Euro se basa la confianza. En la crisis del euro, los países del euro del Norte han mostrado su solidaridad con los países en crisis. Como socialdemócrata considero la solidaridad extremadamente importante. Pero quien la exige también tiene obligaciones. No puedo gastarme todo mi dinero en licor y mujeres y a continuación pedir ayuda. Este principio se aplica a nivel personal, local, nacional e incluso a nivel europeo".

Quien utiliza metáforas desafortunadas, como en este caso, se tiene que enfrentar a veces a ataques furibundos por parte de quienes se sienten aludidos, además de diluir la posibilidad de entrar en el fondo de la cuestión. Desde este punto de vista, no sorprende que una declaración impecable se viera malograda por la utilización de un símil poco afortunado, aludiendo al licor y a las mujeres. Ahí estuvo políticamente incorrecto, pero además nada diplomático, aunque cargado de razón en lo referente a la parte mollar de su afirmación, que es lo que más debería importar.

Huelga decir que los políticos de los países del sur de Europa no gastaron las ayudas recibidas en alcohol o prostíbulos. Y si alguno lo hizo, queda como una anécdota más o menos irrelevante. De lo que no cabe ninguna duda, sin embargo, es que muchas de las ayudas -demasiadas- se destinaron a objetivos muy diferentes a los previstos por los países que ofrecieron su apoyo financiero. El caso español, al menos, apunta en este sentido.

No cabe la menor duda de que el tremendo coste que supone la corrupción en España es una espina clavada en la mente de muchos de nuestros socios europeos, y con razón. El precio del rescate de las cajas de ahorros, los fraudes en los cursos de formación y los EREs o el expolio de los bienes del Estado por parte de algunos son solo algunos de los ejemplos injustificables que, ya sea de forma directa o indirecta, se han financiado con las ayudas recibidas. Como lo son también las dificultades para erradicar canonjías que atentan contra la libre competencia que impone con razón la Unión Europea, como el reciente conflicto de los estibadores. O, en definitiva, el despilfarro que supone, por ejemplo, el mantenimiento de organismos innecesarios como las múltiples televisiones públicas.

A casos como éstos pienso que quería referirse Dijsselbloem aunque cometió el error de no llamar a las cosas por su nombre

***

Hay veces que los juegos de palabras vienen al pelo para definir determinadas situaciones. En este caso el trampantojo y el vocablo inglés *tumbstone* (lápida) sirvieron para formar sendos juegos de palabras con el protagonista, el presidente norteamericano Donald Trump.

69. Trumpantojo y Trumpstone

Donald Trump, el presidente electo de los EEUU, es un tipo curioso. En él se dan una serie de circunstancias que, juntas, jamás se dieron en anteriores elecciones para designar al inquilino de la Casa Blanca. Todas las encuestas le eran desfavorables e incluso los representantes de su propio partido -el republicano- le dieron la espalda retirándole su apoyo. A pesar de todo, ganó las elecciones. Para ello utilizó en campaña unas propuestas que encolerizaron a medio mundo... excepto a quienes le votaron. Si dejamos de lado algunas promesas que parecían irrealizables -y que puso en marcha nada más aterrizar- el mensaje populista era inequívoco: América primero.

Cabe preguntarse todavía hoy cómo un personaje como él pudo vencer en unos comicios, aunque la respuesta cada día que pasa es más sencilla y demostrable. Por una parte, supo utilizar de manera magistral las nuevas tecnologías, y en especial los *big data*, hasta convencer a unos electores descontentos con la situación, y decepcionados por sus anteriores representantes a la hora de resolver sus problemas cotidianos. Si a ello le añadimos que su adversaria Hillary Clinton no supo conectar con los electores, tal vez por realizar una campaña huérfana de propuestas, obtenemos el cóctel perfecto que posibilitó que Trump ganara las elecciones casi a golpe de twitt.

No cabe la menor duda de que el mundo está cambiando a pasos forzados. Los medios de comunicación tradicionales y la gente ilustrada están sucumbiendo ante las opciones de quienes son capaces de conectar con los deseos de las grandes masas, aunque sea con base en propuestas descabelladas o irrealizables. Solo así se demuestra, por poner algunos ejemplos, el Brexit, la Grecia de Alexis Txipras, el auge de Podemos en España o la probable victoria de Marie Le Pen en Francia. El populismo puro y duro se está imponiendo de nuevo tras una larga ausencia, solo que en el caso americano viene ayudado por la moderna tecnología. Ya no se tata, aunque pueda parecerlo, de disputas de tipo más o menos ideológico. Es, en suma, la victoria del trampantojo -pura ilusión tramposa- sobre una realidad que a cada vez más pocos convence a la hora del voto.

Queda la esperanza de que la sólida estructura encarnada por la Constitución americana impida más desmanes con la simple aplicación de las Leyes. La misma a la que se agarran como a un clavo ardiendo los jueces, los medios de comunicación y las empresas tecnológicas, los primeros en manifestar su oposición a las descabelladas medidas de Trump.

Esperemos que el Trumpantojo americano sucumba ante la razón, porque de lo contrario todos correríamos el riesgo de encontrarnos ante algo peor: una metamorfosis de camino hacia un Trumpstone.

✳ ✳ ✳

A continuación se analizan los déficits de nuestra realidad política y las consecuencias que pueden acarrear.

70. Polvos que pueden traer lodos

Quizá uno de los grandes problemas que presenta la España de nuestros días, junto con la corrupción, sea la manifiesta incapacidad de sus gobernantes para administrar el país con un mínimo de eficiencia.

Que el país no funciona de manera adecuada resulta obvio. Basta con observar las listas de desempleo o las largas colas de los centros de beneficencia para darse cuenta de que algunos mecanismos fallan de manera estrepitosa en nuestra sociedad actual.

Ante semejante panorama, solo cabe llegar a la conclusión de que no existen otros responsables que no sean los (malos) administradores de la cosa pública.

Ya no caben excusas ni victimismo. A tenor de los resultados, no hay otra lectura que no sea la de que esta empresa que se llama España ha sido gestionada pésimamente durante años. Sus responsables ejecutivos no tomaron decisiones o las tomaron mal, el poder legislativo fue incapaz de modernizar nuestras estructuras decimonónicas y el poder judicial permaneció anquilosado y controlado por los otros dos poderes de manera permanente. Puede que sea ésta y no otra la causa principal de que una parte importante de la ciudadanía se deje arrastrar hoy por promesas que no resisten el más mínimo análisis posibilista.

Lo más grave, sin embargo, no es que durante muchos años se hayan hecho mal las cosas, y ahí están los resultados, sino que, lejos de rectificar, los responsables siguen sin hacer apenas nada por revertir la situación. Aun a riesgo de auto inmolarse, a diestra y siniestra continúan sin conectar con las demandas de la sociedad, propiciando un caldo de cultivo populista, muy parecido al que pudo vivirse en algunos países centro y suramericanos en las últimas décadas e incluso en algunos países de la Europa de nuestros días. Los medios de comunicación, y muy especialmente la televisión, en esos casos resultaron fundamentales para conseguir el favor del pueblo en las urnas, pero no definitivos.

Uno puede estar o no de acuerdo con un gobierno de tipo bolivariano como el de Venezuela, por poner un ejemplo recurrente, pero lo incuestionable es que sin gobiernos como el de Carlos Andrés Pérez no hubiera sido posible que hoy Nicolás Maduro hubiera podido presumir de haber ganado unas elecciones, aunque fuera con polémica de pucherazo incluida. Como tampoco hubiéramos podido ver gobiernos, legítimos como el de Berlusconi en Italia, sin la previa descomposición de los partidos tradicionales a causa de la corrupción. O ascensos vertiginosos en las urnas como los de la señora Marine Le Pen sin el desgaste de los grandes partidos franceses por los escándalos de corrupción protagonizados por algunos de sus políticos durante años.

Resulta cuando menos sorprendente que ante una situación como la que nos encontramos en España, sus dos partidos hegemónicos, viendo la que les está cayendo encima, en lugar de disculparse primero y poner en marcha una necesaria e inmediata regeneración democrática, permanecen impasibles ante los resultados de las últimas encuestas. Lejos de reaccionar, ambos siguen denunciando las corruptelas de su adversario mientras consienten las propias y, eso sí, están empezado a calibrar sus posibilidades sobre hipotéticas coaliciones ante la debacle que les espera en próximos comicios. Mientras tanto, la ciudadanía asiste horrorizada al espectáculo diario que le ofrece una corrupción absolutamente transversal.

✳ ✳ ✳

Estamos en una época que parece como si todo debiera ser debatido en la calle. Incluso el desarrollo de aquellas industrias, como la turística, que directa o indirectamente dan de comer a millones de personas. Lo más grave, sin embargo, es que quienes cuestionan el turismo en muchos casos lo hacen impulsados por procesos irracionales como consecuencia de una mezcla de odio y fobia que anida en su seno.

71. Turismofobia

La llamada turismofobia tiene un componente obsesivo, como todas las fobias, que dicen podría curarse con un buen tratamiento psicoterapéutico, pero esa es una cuestión muy difícil de abordar. Los afectados no parece que estén muy dispuestos a aceptar siquiera que la padecen. Tal vez estén en lo cierto si tenemos en cuenta que en quienes la sufren no se dan síntomas como el sentimiento de vergüenza o el miedo a ser juzgados, que sí suelen darse en este tipo de patologías. Lo suyo parece ser un odio irracional -si es que existe el concepto de odio racional- hacia todo lo que pueda significar bienestar y progreso.

Como en tantos otros casos, los turismofóbicos pretenden abordar el problema de la masificación de visitantes solo cuando esos aportan riqueza. Nunca se les ha visto manifestándose en Punta Ballena ni realizando pintadas en establecimientos donde se fomenta el botellón. Tampoco me parecería bien, pero no me negarán que es éste un detalle significativo.

Por fortuna, quienes protestan contra el turismo con pancartas todavía son pocos, igual que quienes pintarrajean estúpidas soflamas e insultos en las puertas de los hoteles. Siempre van dirigidas hacia los turistas que permiten que Baleares goce de un nivel económico envidiable. Son los de siempre, aquellos que callan o incluso alientan las ventas callejeras ilegales, quienes pretenden imponer sus criterios irracionales a través de la calle o lo que es peor, apoyándose en la clandestinidad y la impunidad más mezquinas. Sus protestas jamás van dirigidas al despilfarro de quienes en teoría están obligados a racionalizar y regular la actividad económica y no lo hacen. No les importa, por lo visto, que la ineficiencia nos lleve a sostener en Baleares una dirección general de tributos tan inútil e ineficaz que tiene que ceder el cobro a un recaudador externo y al parecer vitalicio. Tampoco les importa que mantengamos otra dirección general, la de aeropuertos, sin que existan competencias en la gestión de estos.

Lo que sí les importa, y mucho, es que tengamos descuentos aéreos del 75%, o que no paguemos peaje al ir a Sóller, aunque sea a costa de colapsar el pueblo del valle. Según ellos, los residentes, legales o ilegales, por lo visto no contaminamos ni formamos parte del problema de la masificación. Las responsabilidades siempre corren a cargo de los demás. Piensan los turismofóbicos que hemos sido educados para aprovecharnos de nuestro bienestar, pero sin la obligación de tener que contribuir a él de alguna forma. Efectuar gastos sin provocar ingresos, en definitiva.

Se atribuye a Joan Manuel Serrat una frase, pronunciada durante un pregón en Menorca, en la que enfocaba con certeza el problema: "queréis turismo, pero sin turistas". Cuánta razón tenía.

✳ ✳ ✳

A continuación, se aborda un asunto siempre controvertido, como es el de los salarios y el retorno que puede esperarse a cambio. En especial si se trata de retribuir determinadas labores realizadas desde el ámbito de la función pública o a trabajos realizados dentro del sector privado.

72. Sobre salarios y responsabilidades

Últimamente, con motivo de la publicación de la página web Portal de la Transparencia del Gobierno de España, se ha abierto de nuevo el debate sobre si los políticos están o no bien pagados. Como en todos los temas controvertidos, hay opiniones para todo, pero ante quienes opinan que los sueldos de nuestros representantes están por debajo de lo razonable hay que decir que a quienes así se manifiestan les faltan fundamentos sólidos que avalen sus afirmaciones. Existen por el contrario experiencias empíricas que demuestran a las claras que si de algo no pueden quejarse los cargos públicos españoles es de recibir bajas compensaciones económicas por su trabajo realizado. Para llegar a una conclusión convincente sobre lo idóneo o no de los sueldos habrá que acudir al efecto comparativo entre los salarios públicos y privados, aunque sin confundir los términos ni los detalles a comparar, hecho que en muchas ocasiones no se tiene en cuenta.

Por lo general, quizá lo que menos se valora a la hora de establecer un determinado salario son las horas trabajadas y lo que más se aprecia es la calidad de dichas horas, medida en términos de responsabilidad. Así, los sueldos más bajos del escalafón se concentran en tareas más bien mecánicas dentro de unos horarios amplios por lo general.

Los cargos mejor retribuidos, por el contrario, son aquellos que aportan valor añadido e inciden directamente sobre los resultados, siendo el horario lo que quizá menos importe. Lo que más se aprecia, en suma, es la responsabilidad a la hora de cumplir determinados objetivos. Desde este punto de vista, está claro que los sueldos de los políticos estarían inflados si tenemos en cuenta su alto grado de irresponsabilidad. Veremos por qué.

Cualquier directivo que se precie sabe perfectamente que su función principal es la de que su empresa gane dinero, es decir, que la suma de los ingresos sea siempre superior al conjunto de los gastos. Si no lo consigue, no pasará mucho tiempo hasta ser destituido e incluso puede enfrentarse a penas mayores si se demuestra que actuó de forma deshonesta.

En política, en cambio, el objetivo ni siquiera es el de obtener beneficios. Tan es así que en España nos hemos acostumbrado a soportar enormes déficits año tras año, provocados por los cargos públicos que quizá más se lamentan de sus pretendidamente bajos salarios. Estas continuas y repetidas muestras de ineficacia, que llevaron al país al borde de la ruina y a una crisis sin precedentes que todavía sufrimos, las hemos tenido que pagar los contribuyentes sin que un solo político haya tenido que responder por su ineptitud e incapacidad. Los verbos dimitir y cesar no existen en el diccionario político a pesar de que presumen de una responsabilidad que jamás asumen.

El caso más paradigmático lo tenemos en el caso Bankia, una entidad que ha necesitado ser rescatada con ayudas públicas de 22.000 millones de euros. Recordemos que los ¿responsables? del desaguisado se encuentran actualmente acusados por la justicia de un rosario de delitos penales, ya que de una empresa privada se trata, aunque manejada por los poderes públicos. Mientras tanto, quienes consintieron el desastre –los políticos de turno– lejos de asumir sus responsabilidades, se limitan a dejar de lado a sus entonces protegidos. Y a pelearse entre ellos en los medios de comunicación con acusaciones inútiles condenadas a no llegar jamás a buen puerto. Ellos nunca pagan, sólo cobran ¿Demasiado? Por supuesto que sí.

En la siguiente entrega se analizan diferentes reacciones ante una brutal agresión a una niña por parte de algunos menores, alumnos de su propio colegio.

73. Una agresión injustificable

Por lo general, lo políticamente correcto se corresponde con algo socialmente incorrecto, con lo cual los ciudadanos tenemos un problema que por desgracia no es nuevo. Ahí quizá radica una de las principales causas de la desafección de la sociedad hacia sus instituciones en general y hacia sus gobernantes en particular.

La tremenda paliza sufrida por una niña a manos de algunos de quienes se supone deberían ser sus compañeros de colegio durante el recreo, junto a las reacciones oficiales surgidas al respecto, dan mucho que pensar. Se han pretendido tapar las verdaderas causas de la violencia, intentando eludir responsabilidades, ocultando y silenciando algo que, lejos de resolver el problema de fondo, sin duda lo agrava. Minimizar lo ocurrido y culpar a la prensa por haber aireado el suceso no es en ningún caso la fórmula más adecuada. Las consecuencias de la brutal agresión -hospitalización incluida- son lo suficientemente graves para darse cuenta de que los medios de comunicación han actuado con coherencia en este caso.

Por el contrario, resultan cuando menos lamentables las declaraciones del fiscal superior de Baleares. Es cierto que no cabe reclamarles responsabilidades penales a los agresores, puesto que son menores de edad. Sin embargo, lo que no resulta admisible es tener que oír manifestaciones tendentes a minimizar los efectos de una zurra en toda regla que requirió hospitalización por dos veces y un parte médico que no deja lugar a dudas. Pero, aunque admitiéramos que las lesiones no fueron serias -es evidente que sí lo fueron-, cabría preguntar qué grado de gravedad requiere la fiscalía para actuar, recabar pruebas y dejar que sea un Juez quien determine las posibles responsabilidades a quienes corresponda.

Otra de las actitudes sorprendentes es la de los colectivos feministas, protagonistas de un silencio que sin embargo retumba. ¿Dónde están sus rimbombantes declaraciones de repulsa y condena hacia una agresión sobre la que pesa la sospecha de la peor de las violencias de género?

Por lo que respecta a la Consellería de Educación, su reacción es igualmente deplorable. Tardó más de lo deseable en intervenir, y cuando lo hizo, dejó inexactitudes y muchas dudas por el camino. Sobre el fondo del asunto, apenas nada. Su falta de transparencia no hace más que alimentar los recelos de muchos acerca de si la violencia e incluso el racismo a veces se interpretan abiertamente solo de forma unidireccional por parte de algunos.

Por último, cabe destacar que en este caso lo políticamente correcto se está imponiendo una vez más sobre lo deseable y viene a consolidar este 76.7% de españoles que califican la situación política española como mala o muy mala, según el Centro de Investigaciones Sociológicas.

* * *

El escrito que viene a continuación es un gesto de atención a quienes se dejan manipular y al propio tiempo una llamada a la esperanza de que en un futuro se puedan detectar y rechazar los manipuladores de opinión.

74. Teoría de cloroformo

Para los lectores que estén dispuestos a leer este artículo hasta el final, quizá sea bueno advertirles de que tomen nota de una breve declaración de intenciones. Desearía indicarles que nunca he creído en los dogmas, en las verdades inmutables o, si lo prefieren, en aquellos pensamientos que se tienen por ciertos y que no pueden ponerse en duda. Pienso así porque por lo general quienes defienden este tipo de posturas se apoyan a lo sumo en apariencias argumentales que no por repetitivas resultan menos falsas. Intentaré pues huir del sofisma y por supuesto procuraré no caer en la tentación de creer que mis afirmaciones tienen un marchamo que las convierte en verdades absolutas, sin renunciar, eso sí, a expresar mis opiniones, enfrentadas a lo que se ha dado en denominar verdades oficiales.

Una vez hechas estas advertencias expresaré algunas conclusiones a las que he llegado tras soportar un sistema tan perverso que permite que unos cuantos indeseables –con el dinero de nuestros impuestos– saquen provecho propio mediante campañas de propaganda con un único objetivo: que les voten, aunque sea como mal menor. Entenderé que muchos no estén de acuerdo con mis afirmaciones, pero no podrán negarme que mi razonamiento es puramente empírico, dado que está basado en la observación de unos hechos perfectamente comprobables por poco que uno esté dispuesto a pisar la calle y a escuchar opiniones diversas.

¿Por qué un pueblo como el catalán, que votó masivamente la constitución ahora parece descubrir que quiere ser independiente? ¿Por qué la gente sigue votando mayoritariamente a los dos partidos hegemónicos, a pesar de la corrupción imperante después de que unos y otros hayan gobernado el país durante casi cuarenta años? ¿Por qué una propuesta bolivariana que promete soluciones descabelladas e irrealizables ha podido lograr tantos adeptos en tan poco tiempo?

Déjenme que les diga que, según mi opinión, todo se debe a lo que yo llamo la teoría del cloroformo. Los votos para manejar los impuestos de los ciudadanos —mal, en el mejor de los casos— se consiguen a través de una propaganda inmunda que anestesia a muchos ciudadanos hasta lograr aborregarlos. Joseph Goebbels no lo hubiera hecho mejor. Sólo así se entiende la creencia generalizada de que siempre resulta positivo transferir competencias a las autonomías, a pesar de los fracasos económicos y los resultados en la gestión de algunas de ellas.

Casi sin darnos cuenta, nuestras cámaras parlamentarias han pasado de ejercer un debate de ideas a convertirse en una especie de mercado persa donde se materializan los más inverosímiles cambalaches a través de una impresentable aritmética parlamentaria.

Desde esta perspectiva, convendrán conmigo que no es una casualidad el bajo nivel medio -en cuestiones de ética, intelecto y cultura- de la ciudadanía en España, otro hecho demostrable empíricamente. Todos los partidos que han gobernado parece que se han preocupado de que así sea, aunque por razones distintas, o quizá mejor sería decir por intereses contrapuestos. ¿Y nosotros, qué podemos hacer ante esa situación? En mi humilde opinión, evitar caer en los mensajes sectarios, tener opinión propia y votar en conciencia. Ah, y luchar con la fuerza de los argumentos con el único objetivo de que el sistema cambie para bien. Aunque pueda parecer lo contrario, quiero creer que todavía queda gente honrada en la política.

El siguiente tema describe determinadas percepciones manifestadas por algunos cargos públicos en virtud de sus intereses personales e incluso en función del lugar donde nacieron.

75. Unas declaraciones desafortunadas

Miquel Ensenyat, ideologías aparte, es una persona que me cae bien y lo digo sin reservas.

Los principales rasgos que le distinguen —su al menos aparente aspecto pacífico, dialogante, bonachón y desenfadado—, han influido sin duda en mi apreciación. También el fervor que por él sienten los vecinos de Esporles por sus aciertos como alcalde, según dicen.

Ocurre, sin embargo, que el bueno de Miguel, nada más aterrizar en la Presidencia del Consell Insular de Mallorca, en virtud de un pacto que resultó primero un parto para convertirse después en un reparto, no se ha venido distinguiendo precisamente por sus declaraciones afortunadas.

Recientemente, en una entrevista publicada en este mismo periódico, se le debió calentar la boca e hizo suyas unas palabras de Josep Antoni Durán i Lleida afirmando que "tenía toda la razón en que los payeses de Extremadura cobran por estar en el bar; una cosa es ser solidarios y otra hacer el gilipollas".

No sé muy bien porqué nuestro presidente se metió en semejante belén, aunque supongo que quería apuntar directamente a las peonadas extremeñas al referirse a los payeses (sic) de aquellas tierras hermanas. Ya se sabe que la constante que más se repite entre los independentistas consiste en apelar a circunstancias exógenas a la hora de explicar sus propios males.

La reacción, como cabía prever, no se hizo esperar. Guillermo Fernández Vara, presidente de Extremadura, poco tardó en ponerse al mismo nivel para señalar que "sobran personas como Ensenyat" en un ejemplo ilustrativo de lo que no debería hacer un político.

El PSOE extremeño, en otra muestra de inoportunidad, se limitó a llamar "payaso" a Ensenyat, mientras sus socios de gobierno en Baleares contemporizaban por la cuenta que les traía.

Lo cierto es que el representante de todos los mallorquines estuvo desafortunado, especulado y generalizado sobre un tema ciertamente espinoso, pero creo que el señor Fernández debería haberse abstenido de opinar sobre quien sobra o no en España. En cuanto a su partido, resulta vergonzoso que se dedique a intentar ofender: a los payasos y por supuesto al presidente del Consell de Mallorca.

No sé ni me importa lo que hacen los agricultores extremeños después de recibir el dinero de una peonada, aunque intuyo que lo mismo que un empleado fijo discontinuo de hostelería en Baleares cuando recibe el subsidio de paro durante los duros meses invernales.

Como pueden ver, la solidaridad y la generosidad para los políticos suelen ser unidireccionales. Tales atributos solo les importan cuando favorecen a sus intereses particulares. De ahí que en la misma entrevista el presidente Enseñat, independentista y exalcalde de Esporles, no tuviera ningún empacho en asegurar que ser españoles nos sale muy caro.

¿Es el bipartidismo la mejor solución dentro de las posibilidades que existen dentro de un marco democrático? Luis María Ansón así lo consideraba a través de un artículo en El Mundo, publicado en 2015. Ello provocó una puntualización a través del siguiente artículo. En él, aun sin discutir las razones de este maestro del periodismo, se hace mención de que el bipartidismo, como casi todo, solo es positivo si se utiliza de manera correcta.

76. A vueltas con el bipartidismo

El pasado martes leí con fruición un artículo de Luis María Ansón en El Mundo sobre las excelencias del bipartidismo y no me resisto a realizar ciertas matizaciones.

Desde su innegable magisterio, el articulista incluía varias consideraciones, para él irrefutables, que le llevaban a la conclusión sobre la conveniencia de la alternancia de poder, hasta el punto de tachar como chantaje implacable el hecho de que, a pesar de reconocer que la Ley D'Hont prima a las mayorías, sería necesario reformar la actual Ley Electoral con la implantación de una segunda vuelta.

Dejando por sentado que, como dice el señor Ansón, un sistema proporcional sin correctivos "termina por hacer imposible gobiernos razonables y estables", habría que analizar a qué se refiere cuando habla de gobiernos razonables y estables.

No es que uno esté en contra de implantar el llamado balotaje, pero me interesa más analizar previamente el porqué es más que previsible que en los próximos comicios el vencedor tenga la obligación de pactar con otras fuerzas y en el peor de los casos ¿o el mejor tal vez? el bipartidismo puede quedar hecho añicos.

La única realidad de los datos indica claramente que los dos partidos antaño hegemónicos han dilapidado las innegables ventajas que les ofreció el sistema electoral vigente y su crédito se está agotando. No pongamos pues paños calientes y digámoslo claramente: ni PP ni PSOE son ya capaces de ilusionar a la mayoría de sus electores. Han perdido credibilidad, principalmente por dos causas innegables, como son la corrupción y su falta de sentido de Estado. No vale poner ejemplos como Alemania, Estados Unidos, Japón o Reino Unido. En esos países, con segunda vuelta o sin ella, sus gobernantes administran los recursos del Estado mirando los intereses del conjunto de la ciudadanía y aquí no, al menos hasta ahora. La condición humana de quienes son llamados a gobernar en esos países no evita la existencia de corrupción, sin embargo, desde sus Parlamentos se ponen medios suficientes para combatirla, mientras que en España lo que se ha hecho ha sido precisamente lo contrario. No se han acometido, por poner un ejemplo, reformas necesarias en un Poder Judicial lento, ineficaz y cada vez más politizado.

Con un escenario como el que nos contempla, uno se pregunta si los males de España se resolverían con una segunda vuelta o si quizá los problemas reales se agravarían debido a gobiernos cada vez menos creíbles. De cualquier forma, la gran esperanza, gane quien gane, es que emerja un tercero en discordia que, lejos de aplicar "chantajes corrosivos", como dice Ansón, sea capaz de controlar los desmanes a los que por desgracia estamos tan acostumbrados.

Un tema muy recurrente en Baleares es la progresiva pérdida de industrias que se ven abocadas al cierre al no poder soportar los costes de transporte derivados de la insularidad. Esta circunstancia obliga, como se verá a continuación, a esfuerzos destinados a replantearse ciertos objetivos y a emprender la senda de una necesaria reconversión.

77. Aires de reconversión

El conflicto de Bimbo con el que se enfrenta el Govern Balear no es nada nuevo y sí perfectamente previsible. El penúltimo episodio ocurrió con motivo del desmantelamiento de la planta embotelladora de Coca Cola, cuyo trasfondo presenta grandes similitudes con el de la panificadora, con un desenlace para los trabajadores más que incierto. Lo peor del caso es que éste puede que no sea el último que tengamos que vivir si las instituciones públicas siguen sin enfrentarse a una realidad incuestionable.

En un mundo globalizado como el nuestro, la competitividad es un elemento muy a tener en cuenta, donde la deslocalización de la industria tradicional -condicionada al transporte- es un hecho consumado e imposible de evitar, teniendo en cuenta las especiales características naturales de Baleares, debido a su carácter insular.

Es un hecho que la industria manufacturera de Baleares se encuentra, sino en vías de extinción, sí al menos en un momento muy delicado al no poder hacer frente a los costes del transporte a los que nos vemos abocados.

Es cierto que la realidad de las Islas, con su economía volcada en el sector terciario, provoca un consumo mucho mayor que cualquiera de las demás provincias españolas, pero en cualquier caso dicha ventaja resulta insuficiente para mantener la plena producción durante todo el año a causa de la estacionalización a la que nos vemos sometidos. Este problema hace que, en muchos casos, como en el de la embotelladora, y ahora en el de la panificadora, no sea rentable la importación de una materia prima que, una vez transformada, los excedentes tendrán que volver a ser exportados necesariamente, al no poder destinar toda la producción a consumo interno.

El argumento de que determinadas plantas productivas son mínimamente rentables por desgracia no se sostiene para defender la localización si ello supone una menor competitividad vía precios de los productos elaborados en ellas. Otra cosa muy diferente es el problema ocasionado al personal por el cierre, que debe ser resuelto de una manera mínimamente satisfactoria por todos los estamentos sociales, empezando, claro está, por el Govern Balear.

Esta falta de competitividad sólo puede ser combatida vía subvenciones que permitan mitigar en lo posible el coste de la insularidad, pero sobre todo con políticas a largo plazo destinadas a promocionar aquellos sectores productivos de la industria que no estén tan afectados por el factor transporte.

La náutica, la alta tecnología, la industria vitivinícola, la investigación, los congresos, el cine o la gastronomía son algunos de los ejemplos que además ayudarían sin duda a resolver otro de nuestros problemas recurrentes, como es el caso de la desestacionalización. Todos ellos representan sectores donde Baleares, por su naturaleza y por su clima, puede ofrecer un valor añadido que minimizaría sin lugar a dudas el impacto provocado por la insularidad.

✳ ✳ ✳

En el antepenúltimo artículo del presente libro se analizan diversas alternativas al denominado mal de altura en el argot bolsista.

78. Alternativas para el mal de altura

Desde hace años, los bancos vienen ofreciendo a los inversores productos financieros tradicionales cuya rentabilidad, en condiciones normales, tiene una relación directa con el riesgo asumido. El depósito a plazo o la letra del tesoro son tal vez los ejemplos más claros de inversiones que, además de asegurar el capital, ofrecen una rentabilidad predeterminada y asegurada.

Por contra, cualquier inversión en renta variable o en fondos FIM supone un riesgo de deterioro no sólo de los rendimientos, sino incluso de pérdida de parte del capital invertido, a cambio, eso sí, de unas claras expectativas de conseguir una rentabilidad mayor en un plazo en cualquier caso indeterminado.

En tales circunstancias, el dilema está servido. ¿Es preferible la tranquilidad de conservar el capital en su integridad y recibir a cambio unos intereses, que en la actualidad son realmente exiguos? Por el contrario, ¿merece la pena arriesgar incluso parte del capital a cambio de la expectativa de un mayor rendimiento a un plazo imposible de determinar? La respuesta dependerá obviamente del inversor y de su capacidad para "leer" y administrar el riesgo, aunque como en todo, tal vez lo más aconsejable para él sea la búsqueda de fórmulas que permitan un equilibrio: una diversificación de las inversiones, en suma, que pueda paliar los efectos negativos del riesgo ante las inevitables crisis de los mercados o los efectos de la volatilidad.

Sin embargo, ni aun así pueden evitarse las dudas, porque actualmente, tras cuatro años de subida libre de la bolsa y en un momento en el que las carteras de los inversores españoles muestran una sobreponderación de la renta variable con respecto a la renta fija, los inversores empiezan a preguntarse: ¿habremos alcanzado ya los máximos? ¿qué mercados muestran todavía potencial de subida? ¿debería aumentar el peso de mis fondos de renta fija de mi cartera a pesar de las rentabilidades negativas sufridas el año pasado? ¿debería pensar, en definitiva, en una retirada a tiempo en ciertos mercados?

La pura verdad es que no existen fórmulas mágicas, como no existen tampoco panaceas que curen todos los males, pero no es menos cierto que gracias a la moderna ingeniería financiera están apareciendo productos innovadores que permiten obtener rendimientos sin arriesgar el capital invertido incluso en las situaciones más desfavorables de los mercados. Lo más novedoso en este aspecto es lo que se ha dado en llamar gestión alternativa, cuya mayor ventaja consiste en que permite obtener rentabilidad en cualquier entorno de mercado; en situaciones tanto alcistas como bajistas.

La gestión alternativa se configura como la segunda generación en la gestión de activos y nace en EEUU de la mano de expertos en inversiones financieras en su continua búsqueda y desarrollo de técnicas vanguardistas para la obtención de rentabilidades. Básicamente la gestión alternativa saca provecho de ineficiencias del mercado tales como casos de arbitraje, oportunidades de trading derivadas de situaciones especiales, etc. Su único objetivo es obtener beneficios en mercados tanto alcistas como bajistas, buscando una nula correlación con los indicadores de referencia tradicionales (índices de renta fija o variable).

A partir de ahí existen bancos que desarrollan productos financieros que permiten el desarrollo de estructuras con capital garantizado. Es decir, que el inversor suscribe un depósito a través del cual en ningún caso puede perder dinero, puesto que el propio banco le garantiza como mínimo la devolución del capital invertido. La rentabilidad del depósito obtenida por el inversor se halla referenciada al valor liquidativo de un fondo de inversión totalmente suscrito por el banco emisor.

Aunque a primera vista la gestión alternativa parece un tanto compleja e inabordable para el ahorrador medio, las experiencias más recientes parecen demostrar lo contrario si se comercializa a través de un simple depósito bancario garantizado, pues como muy bien señalaba recientemente un analista de Fortsman Leff International, para disfrutar de un Ferrari y acceder a sus excelentes prestaciones no es necesario saber de mecánica; basta con saber conducir.

Cuando comenzaron a aflorar algunos de los casos de corrupción, que años después provocarían la desaparición del partido Unió Mallorquina, salió publicado el siguiente artículo.

79. Sobre ambiciones y responsabilidades

Que la ambición es algo consustancial con el ser humano es algo ya sabido. Todos, en mayor o menor medida, ambicionamos algo y de hecho la evolución de nuestra especie no podría concebirse sin lo que de positivo tiene la ambición bien entendida. Cualquier ser humano desea, con mayor o menor vehemencia, alcanzar alguna meta que previamente se haya propuesto. Pero no por ello cualquier clase de ambición es legítima. Lo que en realidad determina la ilegalidad o injusticia de determinada aspiración no depende solamente de los fines perseguidos, sino de las formas utilizadas para conseguirla.

Lo anterior viene a cuento por algunos de los escándalos que actualmente están en manos de la Justicia como Can Domenge, la Piñata y muy especialmente Son Oms, todos ellos curiosamente relacionados muy directamente con afiliados, cuadros y simpatizantes de UM.

Aún sin prejuzgar los resultados de las sentencias, me permitirán que les diga que a la luz de lo publicado por El MUNDO-El Día de Baleares cuando menos estamos ante unos procesos que atufan de tal forma que está claro que los acusados van a necesitar no sólo de un buen abogado, sino de una defensa muy, pero que muy brillante para salir del atolladero. Las pruebas parecen tan abrumadoras que incluso en el caso Son Oms los defensores de los imputados parece que van directos a intentar demostrar la posibilidad de prescripción. Por algo será, digo yo.

Al parecer, independientemente de las sentencias que puedan corresponder, lo que está claro es que hasta el presente no se han depurado responsabilidades políticas. A pesar de que, si hacemos caso a las denuncias, nos encontramos ante sujetos con unas ambiciones totalmente desmedidas y totalmente alejadas de unos mínimos presupuestos éticos, en las Instituciones nadie pide responsabilidades políticas. Obsérvese a este respecto que todos los casos investigados tienen un grave denominador común: políticos que buscan un presunto enriquecimiento fácil e ilícito, siempre a costa del ciudadano a través de una utilización grosera del poder público.

Ante casos tan graves surgen inevitables preguntas de difícil respuesta –o fácil, según se mire–: ¿Por qué el Parlament corre el riesgo de recibir un varapalo de la Justicia en forma de sentencia condenatoria sin ni siquiera haber propiciado una comisión de investigación? ¿Vamos a seguir soportando que nadie exija responsabilidades a quien corresponda ante las imputaciones a políticos o, por ejemplo, determinadas denuncias de la Sindicatura de Comptes? ¿Qué tendrá que ocurrir para que alguien dimita en este país?

Si alguien es capaz de sostener que mantener imputados en las Instituciones es lo más adecuado en las actuales circunstancias, ese alguien tendrá que explicarnos el por qué. O lo que es lo mismo, los oscuros motivos que le pudieran llevar a tal conclusión.

Déjenme por otra parte que les recuerde que, abundando en la cuestión de responsabilidades políticas, y quien sabe si penales, no fueron únicamente los representantes de Unió Mallorquina quienes aprobaron en su día el expediente de Can Domenge, ni quienes recalificaron Son Oms, ni quienes otorgaron las subvenciones de la Piñata. Sin la cooperación necesaria en forma de voto de otros representantes del PP en diferentes plenos del Consell, ninguno de los casos hubiera sido aprobado y por supuesto tampoco hubiera sido necesario llegar a los tribunales.

Por último, cabe preguntarse también sobre el actual silencio cómplice de los representantes del Pacte ante los escándalos. Habría que recordar a los cinco partidos que se coaligaron en su día con UM que su instinto de conservación (del sueldo público) no justifica para nada una actitud autista ante ciertos sucesos que supone una demostración clara del secuestro virtual al que se ven sometidos tanto en el Govern como en el Parlament.

*** * ***

La última entrega de esta vuelta al mundo en 80 artículos salió publicada el 29 de septiembre de 2014, pero se refería a una sesión parlamentaria celebrada tres años antes.

80. Así se escribe la Historia

Hay frases destinadas a formar parte de la Historia. Entre ellas, las que dedicó Mariano Rajoy a José Luis Rodríguez Zapatero, el peor presidente que uno pueda recordar, durante la última sesión de control al gobierno de entonces:

«No se puede hacer un mal diagnóstico de la situación y engañar»

«No se puede gobernar sin un buen plan»

«No se pueden generar falsas expectativas»

«Hay que hacer previsiones razonables»

«No se debe gastar más de lo que se tiene»

«Hay que hacer reformas y no se puede vivir de la herencia recibida y de la inercia»

Hoy, tres años después, estos mismos reproches, llenos de cordura, podrían ser un ejemplo de lo que le podría echar en cara la oposición al actual presidente, porque: ha venido engañando a su electorado; ha gobernado sin un buen plan para resolver los problemas del país; ha generado falsas expectativas entre sus electores; no se le conocen previsiones razonables; ha seguido gastado más de lo que tenía al no atajar el déficit; ha vivido de la herencia recibida y de la inercia y, en definitiva, no ha abordado las reformas estructurales que prometió.

Veremos a continuación algunos ejemplos, pues enumerarlos todos resultaría una tarea casi imposible por una cuestión de espacio.

Ha incumplido una de las promesas electorales que quizá le dio más votos, efectuar reformas estructurales en la Administración, a pesar de que sigue alardeando de haberlas acometido. La realidad, sin embargo, le deja en evidencia. Eliminar interinos y quitar pagas a los funcionarios no puede considerarse en ningún caso una reforma, sobre todo teniendo en cuenta que se comprometió, entre otras cosas, a suprimir ayuntamientos y adelgazar el aparato del Estado con la extirpación de organismos inútiles, algo que sólo hemos visto en Francia e Italia últimamente.

Prometió bajar impuestos y los aumentó hasta convertirlos en confiscatorios merced a los sucesivos incrementos del IVA, del IRPF, de los impuestos especiales o la implantación de la Ley de tasas judiciales. En este caso, no sé si el presidente Rajoy ha vivido de la herencia recibida –en tiempos de ZP ya empezaron las subidas de impuestos y bien que las criticó–, pero lo que sí es seguro es que ha venido parapetándose en un legado que sin duda conocía ya como jefe de la oposición.

Nada más llegar al gobierno también anunció una Ley de transparencia que tres años después vive el sueño de los justos, mientras siguen incrementándose *ad libitum* –aguanta, Luis– los casos de corrupción.

Otro ejemplo de promesa electoral incumplida es la de cambios en la elección de los miembros del CGPJ. Lejos de acometer las reformas que propiciaran una efectiva separación de poderes, como parecía tener previsto, se puso de acuerdo con la oposición –en eso sí– para que los miembros de los organismos de la alta judicatura siguieran siendo elegidos mediante cuotas partidistas.

Últimamente, después de prometer por activa y por pasiva a su electorado la derogación de la ley del aborto, dejó sin efecto tal iniciativa, lo que provocó una crisis de gobierno. Se puede estar de acuerdo o no con el aborto, pero lo que no debería hacer jamás un estadista es aprovecharse para crear expectativas falsas.